Manuel Cerdá Pérez

EL ESPACIO UBICUO
Habitar en la era digital

Cerdá Pérez, Manuel

El espacio ubicuo : Habitar en la era digital / Manuel Cerdá Pérez. - 1a ed . - Ciudad Autónoma de Buenos Aires : Diseño, 2017.
242 p. ; 21 × 15 cm. - (Textos de arquitectura y diseño)

ISBN 978-987-4160-30-0

1. Arquitectura . 2. Teoría de la Arquitectura. 3. Investigación. I. Título.
CDD 720.1

Textos de Arquitectura y Diseño

Director de la Colección:
Marcelo Camerlo, Arquitecto

Diseño de Tapa:
Liliana Foguelman

Diseño gráfico:
Karina Di Pace

Manuel Cerdá Pérez

EL ESPACIO UBICUO
Habitar en la era digital

EL ESPACIO UBICUO
Habitar en la era digital

ÍNDICE

PRÓLOGO

José Morales

(MGM Morales, Gilles, Mariscal)

ESPACIO, INFORMACIÓN Y EXPERIENCIA COTIDIANA

Este libro trata sobre el espacio; tema central en la arquitectura y en el habitar. Al mismo tiempo en esta investigación se formulan hipótesis vinculadas al presente, y se avanzan propuestas arquitectónicas para un futuro no muy remoto.

En el texto hallamos una propuesta proyectual: como tal, implica una anticipación y proyección hacia el futuro (M. Cacciari). Un proyecto muy singular con la intención de definirse desde la generalidad.

En cierta manera, esta paradoja que reúne singularidad y diferencia, fenomenologías y vida cotidiana, ya fue de algún modo anticipado por Georges Perec en su libro *Especies de espacios*. Para Perec, la paradoja se resolvía gracias a la superposición entre las experiencias del sujeto vinculadas a la idea de la estancia, la casa y la habitación.

En efecto, en un pasaje sorprendente del libro mencionado, nos proponía un modo de habitar que él mismo practicaba.

La casa como idea de habitar no sería una unidad, si no el recuerdo y la suma de experiencias fenomenológicas, acontecidas cotidianamente.

El libro de Manuel Cerdá, resuelve en un espacio todos los demás. Emplazamiento, lugares, y espacios de habitar, se reúnen en torno a la experiencia del sujeto.

Tiempo, sociedad y cultura, constituyen el marco para definir un nuevo "tipo de espacio" a la altura de estas circunstancias; el espacio ubicuo.

Este es un espacio entorno al sujeto, en el que se superponen también dos medidas muy diferentes; las que podíamos denominar, por un lado, la corta distancia, y por el otro, la de la lejanía, que estaría relacionada con el acceso inmediato a la cultura como información y a sus implicaciones.

Con esta propuesta espacial, se podría decir que, se expande la idea de arquitectura, motivado por la reunión entre sujeto, sociedad e información.

El espacio ubicuo, vincula cuerpo y experiencia, e inaugura mundos.

El sujeto no estaría ante el espacio, ni frente al mismo, como se proponía en la formulación romántica y que continuaron en gran medida los primeros modernos. Del mismo modo el espacio no sería solo el resultado de la mirada. Por el contrario, la simultaneidad de acontecimientos, y las experiencias que llegan a nuestros espacios de habitar, también proponen un proyecto nuevo y arquitectónicamente singular.

La investigación contenida en este libro, agitaría aquella premisa de la primera modernidad.

En el propio concepto de estancia, de habitación, se reúnen una multiplicidad de experiencias, que multiplican la idea de habitar, y que reorganizan el espacio que nos rodea.

El espacio ubicuo convoca cuerpo y mirada.

Por otro lado, este espacio, provoca un cambio sustancial en torno a la idea de lugar.

Para ello, el texto se apoya en un concepto muy valioso en términos fenomenológicos como es el de "la situación". Con esta herramienta conceptual, el lugar como memoria pierde gravedad y transcendencia, para transformarse en un lugar de lugares, en el marco de la vida cotidiana.

Este espacio, que está en todas partes, se corresponde con un imaginario cultural basado en el hiperrealismo, y al mismo tiempo en la idea de "des-radicación", en la falta de raíces, que fractura lugar y memoria, símbolo y espacio.

La investigación, se desarrolla con una gran lucidez y riqueza en aportaciones conceptuales, como es la idea de provisionalidad, que definiría la relación entre la estancia y el sujeto en el habitar contemporáneo.

Como no podía ser de otra manera, este espacio de habitar, el espacio ubicuo, conlleva al mismo tiempo una renovación acerca de la materialidad de la arquitectura. Para ello, Manuel Cerdá no sigue la explicación dual entre carne y hueso de la arquitectura, si no que establece una brillante relación que se sustenta en la idea de estructura e infraestructura; hardware y software.

Como consecuencia de lo anterior, se expande la idea de la arquitectura hacia un nuevo concepto de espacio más vinculado a la noción de "atmósfera". Esta noción, permite distanciarse de la vinculación entre proyecto y tectónica, para centrarse en otro tipo de materialidad y definición espacial.

Toda esta suma de conceptos muy bien armados, permiten a Manuel Cerdá hablar de un nuevo paradigma en la arquitectura; de una nueva relación entre espacio y habitar. En definitiva, una realidad que es el resultado de experiencia, cultura y sociedad. De la experiencia de un sujeto en la que se cruzan múltiples distancias, la de la inmediatez de los tiempos de la información, y el acceso a una memoria ligera, frágil, que se traduce en una nueva idea de arquitectura.

En definitiva, este libro trata de un singular proyecto de arquitectura, apoyado en las nuevas tecnologías y la incertidumbre de la vida cotidiana.

Pero no debemos engañarnos, el espacio ubicuo, como proyecto, contendría en palabras de Cedric Price, una "incertidumbre calculada".

José Morales, Sevilla 2017

INTRODUCCIÓN

MOTIVACIÓN

Mediante este trabajo se busca interpretar, analizar y conocer las bases conceptuales que definen hoy la idea de espacio en arquitectura ligado a la aparición de nuevos modos de habitación contemporáneos, derivados del modo de entender el espacio en la era de las tecnologías de la información y la comunicación (TIC), para, desde ellas, llegar a formular un nuevo modelo, que se va a presentar como "espacio ubicuo".

La intención es propositiva. No historiográfica. El interés reside en profundizar en el presente, para revelar datos conocidos pero aún no asumidos o suficientemente aplicados, que puedan llevar a proponer un sistema que desarrolle en la práctica la esencia del habitar actual. A través de la caracterización de dicho modelo se intentará exponer un concepto objetivo de espacio acorde a esta era, como propuesta para desarrollar hoy una arquitectura efectivamente contemporánea.

Este libro refleja un proyecto de investigación personal de un arquitecto que construye, y, que según su manera de abordar la materialización de la realidad, busca plantear un método de trabajo, que, partiendo del proyectual, añada a éste la ineludible ya condición virtual, a través siempre de una visión real y pragmática del mismo.

Todo ello traducido en un sistema generador para el proyecto de arquitectura cuyas ideas reflejen la esencia del proceso. A partir de una nueva caracterización del espacio, del que se derive la posibilidad de su aplicación en diferentes escenarios con la intención de responder a la pregunta clave de este trabajo:

¿Qué características definen al espacio contemporáneo y qué significa, por ello, habitar, hoy?

REFLEXIÓN PREVIA

"El mito que afirma que la forma va acorde con la función es la más bonita, ha dominado el mundo del diseño del siglo XX. Sin embargo, en el caso de los objetos electrónicos, no hay ninguna relación causal entre la función y la forma." (T. Ito, 2000, p. 134)

Si para la época de la máquina, el paquebote, el avión o el automóvil fueron los iconos de un progreso que imbuiría de modernidad a todos los ámbitos de la sociedad, evidentemente, hoy en día, dichos iconos no pueden ser otros que los del teléfono móvil, el ordenador, o incluso, más concretamente el chip. La relación de estas metáforas con la realidad, con el objeto arquitectónico construido, a veces resultaba bastante directa en esa época maquinal, en la que procesos y objetos podrían ser materializados casi por una misma industria, y cuya correlación formal podría incluso ser evidente.

Una casa –la arquitectura– se podría fabricar como un coche (prefabricación) y su "estilo" ser tan moderno como el de éstos, sin decoración añadida. Su modelo de espacio, científicamente medido, podía ser explicado, transmitido, conceptualizado y construido con unas reglas determinadas. Pero en la época del chip, ¿A qué debe parecerse una vivienda? ¿A qué tipo de proceso o sistema constructivo puede asociarse una edificación? ¿Existe un modelo general, una verdad o necesidad común, o ahora aparecen múltiples agentes trabajando en diferentes caminos, todos válidos y a la vez interdependientes? ¿Existe un modelo de espacio hoy que integre todas estas cuestiones?

"Desde la arquitectura deberíamos asumir que, de producirse una revolución en la era de la información, esta no va a ser una revolución estética. (...) no va a ser, como en las primeras décadas del siglo veinte, una arquitectura 'moderna' o 'blanca', o un 'estilo internacional' (...) Es mucho más probable que la tecnología de procesado de información se extienda 'invisiblemente' sobre el diseño, la producción y el uso de los edificios." (A. FERRÉ y J. SALAZAR, 2007, p. 19).

LA CONQUISTA DE LA UBICUIDAD

*"Se sabrá cómo transportar y reconstituir en cualquier lugar el
sistema de sensaciones –o más exactamente de estimulaciones– que
proporciona en un lugar cualquiera un objeto o suceso cualquiera.
Las obras adquirirán una especie de ubicuidad. Su presencia inmediata
o su restitución en cualquier momento obedecerán a una llamada
nuestra. Ya no estarán sólo en sí mismas, sino todas en donde haya
alguien y un aparato. Ya no serán sino diversos tipos de fuente u origen,
y se encontrarán o reencontrarán íntegros sus beneficios en donde se
desee. Tal como el agua, el gas o la corriente eléctrica vienen de lejos
a nuestras casas para atender nuestras necesidades con un esfuerzo
casi nulo, así nos alimentaremos de imágenes visuales o auditivas
que nazcan y se desvanezcan al menor gesto, casi un signo. Así como
estamos acostumbrados, si ya no sometidos, a recibir energía en casa
bajo diversas especies, encontraremos muy simple obtener o recibir
también esas variaciones u oscilaciones rapidísimas de las que nuestros
órganos sensoriales que las recogen e integran hacen todo lo que
sabemos. No sé si filósofo alguno ha soñado jamás una sociedad para la
distribución de realidad sensible a domicilio"*

PAUL VALÉRY, 1928

Dos conceptos clave

En este visionario texto el poeta vislumbra, a principios del siglo 20,
una visión del mundo que, casi un siglo después, no forma parte
del ámbito de la abstracción poética o de la ciencia ficción, sino
que es una realidad muy cercana, y de la que cada persona es actor
y productor.

Los modos de vida evolucionan y la técnica avanza a un ritmo expo-
nencial que es necesario conocer y aplicar. La sociedad (y por ende
la arquitectura) se rige hoy por parámetros evolucionados respecto
de los conocidos en las teorías y prácticas de épocas anteriores.

Realidad Sensible y Ubicuidad son dos conceptos que permiten ser
releídos hoy bajo el filtro de la aparición de las nuevas tecnologías de
la información y la comunicación (TIC), fundamentales en la vida hoy.

Realidad sensible

Aquella Realidad Sensible a la que P. Valéry se refería hoy parece ser una evidencia cada vez mayor. Las TIC permiten disfrutar
y entender el mundo de una nueva manera. Hay tal cantidad de
información en los dispositivos digitales que permiten hacer que el
entorno varíe o se adapte según las necesidades particulares, provocando la aparición de una realidad cada vez más asociada a las
demandas particulares.

Las tecnologías de Inteligencia Ambiental están cada vez más distribuidas en la realidad. En todos los entornos, la información fluye,
en las pantallas, en las paradas del bus, en los GPS, en las pulseras
de monitorización... hablando y reaccionando con las personas
ampliando sus capacidades. Ha aparecido un nuevo escenario,
omnipresente, que lo inunda todo. Esa es la segunda idea-fuerza, la
de la ubicuidad de las tecnologías digitales.

Ubicuidad

Es éste uno de los conceptos clave para entender las consecuencias de la aparición del paradigma digital, en los albores del milenio, para definir la transformación sufrida en todos los ámbitos de la vida humana por el advenimiento de las TIC. Profusamente, los autores que analizan esta situación desde cualquier ámbito del conocimiento, hacen referencia a esta idea. Desde aquí se plantea, como se va a ir desgranando, la hipótesis de que la esencia del habitar hoy es su carácter ubicuo, y por tanto, el modelo de espacio ligado a esta idea será el de espacio ubicuo.

Pero ubicuo parece querer referirse a algo que está en todas partes, lo cual, en principio parecería una redundancia para el caso del espacio. Pero allá donde haya, según P. Valéry, una persona y un aparato, las obras aparecerán, viajarán en el espacio y el tiempo, para ser recreadas. Será este componente ubicuo del objeto, del suceso y la acción humana, la que anime a aplicar abiertamente el término. Para ello, antes de nada, es preciso que se analice su significado.

En el Diccionario de la RAE, se encuentra su definición. En él se dice:

UBICUIDAD.

1. *f.* Cualidad de ubicuo.

UBICUO, CUA.

(Del lat. *ubīque*, en todas partes).

1. *adj.* Dicho principalmente de Dios: que está presente a un mismo tiempo en todas partes.

2. *adj.* <u>Dicho de una persona: que todo lo quiere presenciar y vive en continuo movimiento.</u>

Una metáfora habitada

Dado que el entorno de este trabajo es el habitar, la habitación humana, como sustancia de la arquitectura, y el análisis de cómo afectan los avances tecnológicos a la condición del ser humano y el espacio habitado por él, esta segunda acepción, ligada a la persona que habita los espacios, es la que se desarrollará como base de esta investigación.

Una persona puede ser ubicua también, y hoy más que nunca, gracias a las tecnologías que porta consigo. Así se entiende hoy al ser humano y su realidad en este mundo digital, en el que gracias a la capa de información que le rodea, parece que todo esté a su alcance.

Ese entorno informado, supondría, en un primer acercamiento, una manifestación real de aquella "Realidad Sensible" de la que P. Valéry hablaba. Una persona que está en continua relación espacio-temporal con su entorno, la realidad física y la virtual, con el mundo y los otros, desplazándose física y virtualmente gracias a las nuevas tecnologías.

Al centrar este enfoque en la cualidad del espacio derivada de la implementación por parte del ser humano de sus deseos y necesidades, por medio de las TIC, se plantea, en una primera aproximación, la idea de que el espacio adquiere el carácter de ubicuo con la acción de la persona, del habitante. Sería una especie de "entorno privado actualizable", fruto de esa "Realidad Sensible" que P. Valéry refería.

El concepto de espacio contemporáneo ha ido derivando durante el siglo 20 hacia el carácter existencialista, fenomenológico, dejando de lado la idea del mismo como espacio homogéneo, cartesiano, previo a la existencia humana. En este contexto, el del espacio existencial filtrado en la actualidad por la sociedad de la información, avanzando un grado más en la complejidad humano-técnica, es donde habita el concepto.

Ello hace que para el propósito de ese trabajo, el espacio sea entendido como una extensión del ser humano, asociada e indisoluble de su forma de ser, actuar, construir y pensar en el mundo, unida a su carácter mediado por las TIC, como evolución respecto de las propuestas aparecidas a finales del siglo pasado.

Si la persona, tal como el diccionario nos revela, puede ser ubicua, por extensión, el espacio, "su" espacio, también. Su espacio será, por lo tanto, un espacio que todo lo puede presenciar-representar, un espacio en continuo movimiento o transformación, actualizado por la interacción permanente con dicha persona (o conjunto de ellas).

Así, un espacio ubicuo, en un primer acercamiento, será aquel que puede ser todos a la vez, pero personalizado, tanto individual, como colectivamente. No abstracto o igual para todos, sino contingente según cada persona o grupo que lo experimenta, habita y por ello dan sentido.

Como en toda metáfora, el recurso del adjetivo es la forma de dar mayor legibilidad y carácter al concepto. El dar cuerpo a una idea requiere a menudo de imágenes, y la formalización de un concepto requiere de una adjetivación visual que lo haga más legible y claro. En ese marco referencial se sitúa este término.

Si como dice L. Arenas "las metáforas comprometen" (L. Arenas, 2011, p. 3), la ubicuidad a la que también hacía referencia P. Valéry (1960) es, así, el concepto elegido para desarrollar y avanzar en esta investigación acerca del espacio contemporáneo.

EL ESTADO DE LA CUESTIÓN

*"El destino de la arquitectura,
de ahora en adelante,
dependerá en cómo descubrir
la estructura de la ficción"*

Toyo Ito, 2000, p. 111

Se está produciendo una verdadera revolución que reúne los dos componentes básicos de todo avance en la arquitectura: Avance tecnológico y cambio social, que han llevado aparejados la aparición de un entorno nuevo de conocimiento, la cibercultura. En este momento histórico, varios son los modelos que proponen nuevos conceptos filosóficos y espaciales a finales del siglo 20 y principios del presente (a veces excesivamente ajenos entre sí y a veces con una correlación demasiado directa entre ellos), pero que aún parecen no haber llegado a formular una teoría holista al respecto del espacio derivado de la aplicación de las tecnologías de la información en el espacio habitado.

La arquitectura (como naturaleza artificial) trata siempre de traducir los cambios que se producen en el mundo de la tecnología y en la sociedad. Serán, pues, estos los 3 entornos de análisis que se van a desarrollar en esta investigación para extraer una serie de "inputs" aplicables que lleven hasta una concepción global del objeto de estudio, el espacio arquitectónico, para desvelar una nueva manera de entender el espacio por parte del ser humano contemporáneo integrando los campos citados. Tecnología digital como herramienta capaz de modificar la relación de la persona con su entorno. Sociedad como sustrato humano que refleja un nuevo modo de estar en el mundo. Y Arquitectura como "naturaleza artificial", como nuevo entorno natural construido por la acción humana.

Con una visión transversal sobre estos tres entornos se propone analizar en profundidad el estado de la cuestión, para crear un marco objetivo donde encontrar ese nuevo modelo de espacio acorde con esta época digital. La arquitectura, que bebe de estas fuentes, gracias a su esencia analítica y luego sintética, va a adquirir ahora un nuevo carácter, muy real, a través de la inmersión en un mundo cada vez más virtual, para llegar a entender a la persona y sus necesidades hoy aplicadas sobre el hecho construido. Éste es uno de los puntos clave del trabajo, entender cómo se invierte copernicanamente el sentido del discurso, centrando la idea de espacio arquitectónico ahora en la persona y su condición virtual y no en la solidez de la técnica, y conseguir así, proponer un espacio residencial como un entorno más abierto, flexible, humano, al fin.

Todo ello se va a extrapolar al componente social de la arquitectura. El escenario ha cambiado, tanto por las nuevas posibilidades de
individualización que las TIC promueven, como por la aparición de
un nuevo modelo social, de una nueva manera de ser como grupo
y de entender los espacios urbanos, la ciudad, donde relacionarse.
Una ciudad de los flujos, virtual, que potencia y sirve al sujeto social
como soporte a nuevas y complejas necesidades.

En sus diferentes escalas, escenarios o entornos, se analizará esta
situación para poder establecer nuevos puentes o nodos de interacción entre las personas, desde la esfera de su espacio más íntimo, pasando por el la esfera del espacio social, urbano, llegando a
la esfera global, la existencia en la red, donde lo privado y público
llegan incluso a confundirse. Se hace necesario entender el espacio residencial hoy mediante su componente como contenedor de
información y de energía, abierto a la experimentación personal de lo
común, a través de la creación de un "genius loci" individual, ligado
al del de los otros, mediante un espacio en el que compartir experiencias, deseos, y seguir construyendo, hoy, como siempre, pero de
otro modo, ciudad.

Para ello la arquitectura se llena cada vez más de tecnología. Será
interesante analizar entonces la necesidad de que la tecnología se
adapte al espacio existente o viceversa. Que sea éste el que se adapte a la tecnología, para incluirla en él. En todas las escalas, la integración se hace más que necesaria, evidente. En este sentido, varias
preguntas surgen: ¿Qué requisitos debe tener un espacio para albergar esa tecnología? ¿Ese espacio determina una nueva arquitectura,
o no es condición necesaria? Se irán desgranando y dando respuesta a éstas y otras que vayan surgiendo según avance el trabajo.

Con esta finalidad, se pasa ya a analizar cada uno de los tres entornos de un modo más específico, para conocer el sustrato actual que
fundamenta este momento de cambio, y poder delinear en base a
ellos una mirada transversal que los integre, permitiendo definir así
el nuevo entorno cultural en el que basar este modelo de espacio en
la era digital.

TECNOLOGÍA

*"The most profound technologies are those that disappear.
They weave themselves into the fabric of everyday life until they are
indistinguishable from it"* (M. WEISER, 1991, p. 1)

Computación ubicua

En 1988 un ingeniero de Xerox, en el PARC (Palo Alto Research Center), llamado Mark Weiser comenzó a desarrollar una teoría acerca de la ubicuidad de las TIC (Tecnologías de la Información y Comunicación), que denominó "Computación Ubicua", basada en dos herramientas: La necesidad de un sistema distribuido (ubicuo) y la posibilidad de una computación móvil asociada a éste. Ello supone la integración de la informática y sus dispositivos en el entorno de la persona, de manera que no sean percibidos por ésta como objetos, invisibles, dotando de potencialidades al ambiente que se vuelve inteligente y al servicio del hombre, con el que interactuar de modo natural y sencillo, sin tener que aprender un lenguaje específico.

"A good tool is an invisible tool. By invisible, I mean that the tool does not intrude on your consciousness; you focus on the task, not the tool. Eyeglasses are a good tool, you look at the world, not the eyeglasses" (M. WEISER, 1993a, p. 1)

Su teoría se contrapone a la de la Realidad Virtual, emergente en ese momento. Para él, la Computación Ubicua sería el entorno donde el uso de las tecnologías ubicuas fuerza a convivir al ordenador con las personas en su mundo real, justo al contrario que la Realidad Virtual, que intenta poner la vida de las personas dentro de un mundo generado por el ordenador. Su intención fundamental era la de recrear un mundo "mediado" real, tangible, que se sirve de la tecnología para mejorar sus condiciones, servir a las personas en sus quehaceres diarios, ampliando sus límites integrando tecnología y sociedad en una nueva dimensión para hacer más habitable este mundo, de un modo ante todo, natural.

Su teoría se enmarca en la 3ª era de la computación. La primera era fue aquella en la que un gran ordenador servía a infinidad de usuarios, compartiendo sus recursos. La segunda es aquella en que el ordenador se discretiza y pasa a ser pequeño y cada persona tiene un ordenador personal. Esta etapa cuenta con problemas de comunicación por la engorrosa situación de tener que aprender con cada actualización del software el proceso para interactuar con él. La tercera era computacional[1] es aquella en la que múltiples ordenadores o terminales de información, de mínimo tamaño, están al servicio de una persona permitiendo interactuar de manera sencilla y natural, sin necesidad de aprendizaje de lenguaje o proceso alguno. Desarrollaron para ello una serie de dispositivos que encarnaban los interfaces de relación con dichos ambientes inteligentes: Tabs, Pads y Boards. El teléfono móvil es deudor de éstas. A él han seguido tabletas, Ipads y otros. Su idea de cómo sería la relación del hombre con la tecnología era la de "activar el mundo", con dispositivos implementados en él de manera invisible, sin tener que reparar en ellos, integrados en una nueva naturaleza mediada:

"Of course, tools are not invisible in themselves, but as part of a context of use" (M. WEISER, 1993a, p. 1)

Su idea partía de la integración total de la tecnología en la realidad creando una naturaleza mediada, un Ambient Intelligence (AmI). Computación Ubicua es el nombre que usó M. Weiser (se suele usar en los foros tecnológicos americanos), mientras que el término europeo, acuñado por la ISTAG (Information Society Technology Advisory Group) en el 2001, fue el de Ambient Intelligence, AmI. M. Weiser, buscaba una metáfora para expresar mejor su teoría, basada en la invisibilidad:

"Invisible technology needs a metaphor that reminds us of the value of invisibility, but does not make it visible". (M. WEISER, 1993a, p. 2)

La metáfora de la ubicuidad, como punto de partida para M. Weiser, antecedía a una realidad actual que asume con naturalidad esa idea.

---

[1] También llamada Era Post-PC. Actualmente se acuña bajo el nombre de 3ª plataforma.

Inteligencia ambiental

La Inteligencia Ambiental (Ambiental Intelligence, AmI), es un modelo de comunicación hombre-máquina en el que el procesado de la información está integrado en los objetos y actividades cotidianos, entornos en los que los elementos de computación desaparecen para los usuarios pero la funcionalidad del sistema continúa estando disponible. En ella se desarrollan una categoría de aplicaciones que son sensibles al contexto y a su vez proactivas, creando una interacción natural con las personas para ofrecer servicios avanzados.

Una de sus características principales sería la invisibilidad, ya que debe proporcionar la funcionalidad de manera aparente aunque sus recursos y dispositivos no se "vean". No es el objeto técnico el fundamental, como "gadget" tecnológico o bien de consumo. La idea es que desaparezca y además de manera ubicua, que esté disponible en cualquier lugar, integrada con el entorno físico y los objetos cotidianos.

Deben también poseer un cierto grado de "inteligencia", ya que debe ser relevante para el usuario y sensible al contexto, no debe molestar ni entorpecer (unobtrusive) y debe proporcionar significado. Los sistemas de AmI tienen como prioridad repensar la experiencia interactiva entre usuarios y sistemas, integrando el mundo digital (información y servicios) con el mundo físico (objetos y entorno físico), desarrollando interfaces con respuestas proactivas. Los objetos y el entorno monitorizan al usuario y su contexto para presentar información y servicios relevantes a las necesidades e intereses de los mismos. Las AmI requieren de un marco conceptual y metodología precisos.

Los elementos de computación deberán estar disponibles en el entorno, pero invisibles a los usuarios. No implican computación móvil ni viceversa, la Computación Ubicua, en este sentido, significa computación en cualquier lugar, de modo transparente. El "cloud computing", por ejemplo, se basaría en estos principios.

Para poder desarrollarse adecuadamente también se requiere de una información de contexto, que es la información que el sistema tiene sobre su propio estado. Requiere monitorizar el mundo físico (y digital), para lo que se necesitan redes de sensores, físicos y virtuales. Se requieren soportes para almacenar gran cantidad de información (Context Brokers, Big Data...), que deben ser sensibles al contexto (Context Awareness). Es la capacidad de integrar la información del entorno del sistema (contexto) en su propio comportamiento y de desarrollar sistemas que se adapten a las necesidades de los usuarios.

Una vez existe esa información, sensible, debe existir un diálogo entre objeto y usuario. Esa es la cualidad de la proactividad, o capacidad de anticiparse a las peticiones de los usuarios, ya que el sistema podría iniciar las actividades o los servicios para adelantarse a la situación (contexto) y el usuario. Hoy toda la información y los dispositivos se basan en protocolos a veces incompatibles entre sí. La Inteligencia Ambiental busca la integración transparente (Seamless Integration), que supone la capacidad del integrar e intercambiar componentes heterogéneos de manera transparente a la aplicación. Las técnicas de computación autónoma permiten realizar esta tarea de modo eficiente. Tras estos aspectos técnicos, se necesita dialogar con los dispositivos. Para ello se hace necesaria la posibilidad de interacción mediante interfaces de uso naturales, basadas en los sentidos humanos, como pueden ser el reconocimiento del habla, el uso de los gestos manuales o el seguimiento del movimiento del cuerpo, monitorizándolos para convertirlos en acciones de interacción. Las Aml definen entornos y/o espacios inteligentes, que son los espacios físicos o virtuales que poseen recursos de computación "ocultos" y que interaccionan con los usuarios de una manera que puede considerarse inteligente o avanzada.

Estos espacios ofrecen servicios inteligentes, conformando un sistema ubicuo con un contexto. La Internet de las Cosas (IoT, Internet of Things), aparece como una estrategia adecuada para desarrollar sistemas de Inteligencia Ambiental, pues combina 3 entornos: Sensorización (Actuación en el entorno), Conectividad (Comunicación) y Procesado de la información.

Proyectos 1.0

Los anteriores apartados ilustran brevemente la base teórica que sustenta la nueva visión de la tecnología y de sus capacidades de aplicación a la realidad. No son modelos teóricos utópicos, sino que forman parte ya de la vida real que a veces, por habitual y cotidiano, asumidos por la experiencia diaria, casi no se llega a reparar en ellos.

No es el objetivo aquí detallar la ingente cantidad de avances técnicos particulares sobre los que se va conformando el desarrollo y la aplicación de las tecnologías digitales en el espacio construid. Huelgan análisis pormenorizados por lo vasto del campo abierto y lo veloz de su actualización, aspectos que podrían hacer parecer este estudio esclavo de un momento determinado con evidente peligro de rápida obsolescencia. No es el objeto, el dispositivo o sistema concreto lo que aquí se pretende analizar, sino la intención y propósito que a todos ellos integra y guía: Servir a un usuario bajo una idea nueva de espacio.

Multitud de Media Labs, fundaciones y centros de conocimiento están trabajando sobre las posibilidades de la computación en los entornos humanos, ya bien sea desde el punto de vista habitacional, sanitario, tecnológico o cooperacional. Uno de los principales semilleros de proyectos es el MIT de Massachusetts mediante proyectos propios o en colaboración, apostando por hacer realidad este futuro presente.

Como el proyecto Oxygen,[2] basado en la idea de conseguir que todo lo que rodea al ser humano está implementado de tecnologías ubicuamente dispuestas ofreciendo potencialidades que permitan a éste activar e interaccionar con ellas: *"En el futuro, el cálculo estará centrado en el hombre. Estará disponible gratuitamente en todas partes, como las baterías, los enchufes, o el oxígeno en el aire que respiramos. Se entrará en el mundo de los humanos, en el manejo de nuestros objetivos y necesidades para darnos a hacer más mientras se hace menos".*

[2] Proyecto Oxygen. Ver: http://www. Ubiq. Com/hypertext/weiser/Ubihome. Html

También desde el MIT nace el OSBA,[3] en paralelo al proyecto House-N,
que plantea la idea de que en el futuro los hogares estarán implementados de actividades más complejas que cualquier otro tipo de edificio,
y por ello hay que entenderlos como entornos dinámicos para permitir
un desarrollo personal lo más autónomo y sano posible. Se integran
todos los factores intervinientes en la ideación, gestión, producción y
construcción de edificios. Integrando tecnologías fab-lab en la producción del objeto arquitectónico. Como una "Bauhaus digital".

Media House[4] es un proyecto pionero realizado desde el IAAC (Institut d'arquitectura avanzada de Catalunya) en colaboración con el MIT,
donde se trabaja creando prototipos arquitectónicos que incluyen las
redes de datos en la caracterización del espacio habitable: *"Se busca
un espacio libre, continuo y abierto a cualquier configuración. La fusión
de estructura + infraestructura + piel significa pensar en un sistema
capaz de ser al mismo tiempo caja estructural y superficie interactiva."*

Cabe recordar que los fablabs son laboratorios de fabricación digital
que unen las potencialidades que permiten las maquinarias de control
numérico (CNC, Computer Numeric Control), junto al diseño digital
permitiendo interpretar directamente los archivos digitales que se
producen en ellos para pasarlos a la realidad, en modelos o maquetas
escala 1:1 de estos diseños.

Estos trabajos abordan todas las escalas, desde la más pequeña, el
entorno de los objetos y tecnologías personales, hasta los edificios
y la ciudad, integrados a través de la ubicuidad de la red. Proyectos
como el WoO (Web of Objects)[5] desarrollan soluciones para poder
conectar, usando la web, objetos del mundo físico y real para ofrecer
nuevos servicios conectados entre estos objetos.

Open Code Building[6] es otra de las plataformas desarrolladas a partir
de los estudios de N. Habraken (1979) y su Teoría de Soportes, luego

---

[3] Proyecto OSBA. Ver: http://web. Media. Mit. Edu/~kll/AA_OSBA%20. Pdf

[4] Proyecto Media House. Ver: http://iaac. Net/iaac/publications/the-media-house-project/

[5] Proyecto WoO. Ver: http://www. Pros. Upv. Es/es/investigacion/proyectos/item/1218-
web-of-objects/1218-web-of-objects

[6] Proyecto Open Code Building. Ver: http://www. Habraken. Com/html/on_sar. Htm

desarrollados por el SAR, y que plantea un entorno de trabajo alrededor de la idea de Open Code, de contenido eminentemente colaborativo.

El proyecto Baas (2013-2016)[7] se dirige a la necesidad de servicios integrales y abiertos de gestión y control de varios dominios en los edificios de hoy en día. El problema es que estos servicios de gestión y control integrados es que aún no están disponibles debido a la separación de las disciplinas de automatización en sistemas de control independientes. Es quizá el mayor problema de este nuevo mundo tecnológico, hacer posible el diálogo entre los diferentes sistemas.

El proyecto Futures,[8] desarrollado por TSB (Tecnologías de la Salud y el Bienestar), consorcio ubicado en el Parque Tecnológico de Paterna, en Valencia, se basa en aplicar las TIC al entorno de las viviendas donde residen personas de avanzada edad. El objetivo del proyecto es desarrollar un conjunto de herramientas innovadoras orientadas a una serie de atenciones sobre las personas. Mediante una vivienda laboratorio domótica se estudian comportamientos, relaciones y potencialidades de estos sistemas de control y ayuda al ser humano.

Finalmente, el salto a la escala mayor es más conocido. Supone la idea de la *smart city* ('ciudad inteligente'). Supone un nuevo concepto de ciudad que trabaja para mejorar la calidad de vida de sus ciudadanos, garantizando un desarrollo social, económico y urbano sostenible. Se basa en el uso y la modernización de las nuevas tecnologías de la información y la comunicación (TIC), lo que da como resultado una gestión más eficiente de los servicios y recursos de la ciudad.

Todos estos trabajos están encaminados a hacer uso de las nuevas tecnologías en ámbitos arquitectónicos, pero enfocados desde diferentes puntos de vista y diferentes escalas. Ya sea desde la propia configuración del espacio, de cómo construir hoy una vivienda inteligente, de cuáles son los objetos, muebles, dispositivos existentes, visibles o no, de su interior, llegando al análisis del mismo proceso constructivo y los agentes que intervienen en el ámbito residencial.

---

[7] Proyecto BaaS. Ver: http://www. Pros. Upv. Es/en/research/projects/item/1391-baas.

[8] Proyecto Futures. Ver: http://www. Proyectofutures. Org/entorno. Html.

Y de ver el edificio como una red de intereses comunes de actores de la sociedad de la información. Porque este edificio es hoy un servicio, contenedor de información que ayuda en la vida diaria, organismo complejo de células interconectadas con él. La tecnología permite verlo como una entidad nueva. Lo digital ha llegado a los hogares, edificios y ciudades y está revolucionando la manera de entender el espacio habitado, en todas sus escalas.

Quizá, pues, no sea un entorno construido lo que M. Weiser necesitaba. Quizá sea un nuevo concepto de espacio lo que haga realidad su deseo de encontrar esa metáfora lo suficientemente bella para que la invisibilidad de la tecnología alcance su pleno desarrollo. En ese camino se traza la búsqueda de una idea de espacio en este trabajo. Quizá desde la arquitectura, como entorno de síntesis, se pueda dar una respuesta satisfactoria al mundo que aquel pionero vislumbraba.

Por ello en esta investigación se intentará entender ese espacio actual tanto a través de la invisibilidad de la tecnología aplicada en los espacios arquitectónicos, como a través de los dispositivos personales y objetos, incluida la ropa, con los que las personas interactúan con ellos, construidos como arquitectura o nueva naturaleza. Ello llevará a plantear la capacidad de la arquitectura de albergar o integrar dichas tecnologías, de manera física, mediante el objeto construido, o de manera virtual, a través de la información ubicua que inunda el espacio, los lugares de habitación humana. Integrando finalmente a la persona como actor fundamental a la hora de activar esos espacios, aportando una mirada humana a la dimensión tecnológica de esta situación.

SOCIEDAD

*"Hoy la tarea consiste en defender la evanescente esfera de lo
público, o más bien reacondicionar y repoblar el espacio público que
se está quedando vacío."* (Z. BAUMAN, 2006, p. 45)

Modernidad líquida

Esta conocida metáfora describe a la perfección el cambio profundo de la sociedad de la información actual. La aparición de nuevos
modelos sociales y culturales, ligados a una inmersión en una cultura
digital en la que todo deviene más virtual, más liviano, menos pesado,
como contraposición a aquella "Modernidad Sólida", que caracteri-
zaba aquella época inicial del siglo 20 en la que la Revolución Industrial trajo una fe en la máquina y las instituciones emanadas de dicha
situación, asumiendo el progreso, la técnica y compromiso social
como valores estables sobre los que construir una sociedad nueva.
*"La modernidad pesada fue, después de todo, una época en la que se
daba forma a la realidad a la manera de la arquitectura o la jardinería;
para que la realidad se ajustara a los dictámenes de la razón, debía ser
'construida' bajo estrictas normas de control de calidad y de acuerdo
con estrictas reglas de procedimiento, y por sobre todo diseñada antes
de dar comienzo a los trabajos de construcción"* (Z. BAUMAN, 2006, p. 53)

Hoy todo parece hoy hacerse menos rígido, más lábil, más fluido, en
cualquier aspecto de la vida humana... todo parece ser menos "fuerte", menos capaz de configurar un espacio común en el que estar
seguros. Y esa pérdida de valores va asociada a la aparición de la
contingencia, de la ambigüedad, la subjetividad y la individualidad
de la sociedad actual. El sujeto líquido, a pesar de sus miedos debe
hoy encontrar un lugar común donde establecer puntos de apoyo
y fomentar una conciencia colectiva que sirva para sobrepasar esa
situación de desarraigo para recuperar el bien particular y el común.
Pero esa flexibilidad es una virtud, ya que le permitirá encontrar nuevas vías de acción y de relación con sus semejantes, alternativas a las
rígidas formas sociales anteriores.

Es casi inmediato relacionar esta idea de liquidez con la obra de
Toyo Ito *Arquitectura de límites difusos* (2006), en los que avanzaba
ideas acerca de un tipo de espacio, el espacio fluido que entron-
ca con esta situación social y tecnológica. También en el ámbito
urbano, con aquellos no-lugares que M. Augé (1992) preconizaba
como los de la superabundancia y la sobreinformación que inunda la
sociedad actual.

Lugares vacíos olvidados por una construcción sólida, lugares
que en su carácter de olvidados por una planificación productiva y
consumista, permiten establecer lazos más flexibles entre los ciudadanos. En la época de las nuevas tecnologías, "mapear" estos
espacios vacíos surge como necesidad para la sociedad. Establecer
nuevas relaciones para construir una nueva sociedad, no más sólida,
sino más flexible, abierta, con la intención de conseguir una nueva
autoafirmación del individuo enfrentándose a sus congéneres ahora
de manera igualitaria. En este sentido, este trabajo profundiza en
cómo construir ese espacio "vacío" de manera compartida, un espacio que se intentará caracterizar a través de la acción de los usuarios
en él: *"muchos espacios vacíos no son simplemente desechos inevi-
tables sino ingredientes necesarios de otro proceso: el de "mapear"
el espacio compartido por muchos usuarios diferentes"* (Z. BAUMAN,
2006, p. 112). Un concepto de espacio que hoy parece estar en franca
regresión, dado el carácter temporal de las relaciones, transacciones
y movimientos de flujos en las redes telemáticas. *"La casi instantaneidad de la época del software augura una devaluación del espacio"* (Z.
BAUMAN, 2006, p. 127)

Sirvan estas reflexiones para repensar la relación, como individuos
sociales y como arquitectos que trabajan para una colectividad
inmersa en una crisis (positiva) de cambio de referentes, de valores,
entre tecnología y comunidad. Es el fermento ideal para la aparición
de dos posiciones contrapuestas. La de asumir el aislamiento y desconexión en una masa sin compromiso, o la de proponer la participación, presencia activa y propositiva mediante el uso de las nuevas
tecnologías que deben servir de germen a una nueva visión social de
este espacio común a través de la suma de individuos que interactúan en la red.

Asociacionismo urbano

La arquitectura es también, evidentemente, un espacio social. Lugar de intercambios colectivos. Así, la aparición de las TIC posibilita entender el espacio urbano de un modo diferente. La postura de H. Arendt (1958), sigue siendo actual, ya que refuerza la esfera de la pluralidad humana, compartiendo con otros un espacio de vida común. *"Si para Heidegger la existencia era un 'ser en el mundo' (Dasein), para ella, es un 'ser en el mundo con otros'"* (C. Sánchez, 2015, p. 66)

Ello se plantea con una ciudadanía comprometida con sus acciones, capaz de pensar, juzgar y actuar, siendo responsable de sus decisiones. Es ésta la esfera del individuo, del compromiso social, como "animal político", la que interesa en la sociedad de las TIC, definiendo un nuevo espacio de relación. Un espacio entendido desde una triple vertiente (urbano-humano-informacional). *"El asunto fue enunciado hace ya años por Castells en sus tesis acerca del espacio de los flujos y el tiempo atemporal: Tanto el espacio como el tiempo han sido transformados bajo el efecto combinado del paradigma de la tecnología de la información y de las formas y procesos sociales inducidos por el actual proceso de cambio histórico"* (J. P. Lama, 2003, p. 1)

Esta situación es una nueva etapa en el desarrollo de las relaciones entre los sujetos, con una visión ampliada de la capacidad de "construir" heideggeriana de los lugares de relación, los espacios públicos, pasando ahora a existir también en la esfera de lo virtual. Supone la aparición de una especie de epistemología de la complejidad: *"Este círculo intelectual se propone integrar el pensamiento científico (incluidas las ciencias sociales) bajo un nuevo paradigma. Se centran en la comprensión del surgimiento de estructuras autoorganizadoras que crean complejidad de la simplicidad y un orden superior del caos por medio de diversos órdenes de interactividad de los elementos básicos que se encuentran en el origen del proceso (...) No que no existen reglas, sino que las reglas son creadas, y cambiadas, en un proceso constante de acciones deliberadas e interacciones únicas."* (M. Castells, 1996, p. 91).

Un modelo sería Telépolis: *"La vida ciudadana se desarrolla en un nuevo espacio social, el espacio electrónico, cuya estructura no es euclídea (...) las tecnologías de la información y la comunicación, han posibilitado una segunda globalización, actualmente en curso, cuyo resultado (...) es la progresiva construcción de Telépolis"* (J. ECHEVE-RRÍA, 2005, p. 58).

Podría verse desde un activismo urbano con sesgo político que firmarían H. Lefebvre o V. Verdú: *"En la actualidad se están produciendo múltiples procesos emergentes que, participando de la nueva espacialidad de los flujos y las tecnologías de organización en red, están configurando habitares y órdenes espaciales en confrontación y en competencia con los producidos por el capitalismo global. (...) Proponemos llamar geografías de la multitud a los nuevos habitares antagonistas basados en la espacialidad de los flujos y las tecnologías de la información, la comunicación y la organización en red"* (J. P. LAMA, 2003, p. 2).

Quizá es la sociedad telepolita, con una visión alternativa, la que esté activando esta nueva visión de lo urbano: *"Más si los Estados dejan de prestar esos servicios adecuadamente, entonces ha de prescindirse de la primacía formal del Estado, organizando desde la propia sociedad servicios públicos sustitutivos"* (J. ECHEVERRÍA, 1995, p. 165).

Parece necesario devolver al individuo el mando de su vida mediante la lucha política (polis), para el que las tecnologías actuales ofrecen la posibilidad de un modo de habitar contemporáneo, fluido, líquido... *"queremos imaginar otros procesos, otros protagonistas, otros contenidos, otras relaciones..."* (J. P. LAMA, 2003, p. 16).

Estos parecen ser hoy los habitares necesarios para una sociedad de individuos "libres" e hipermediados. Habitares, que en contra de lo que el sistema ofrece, permitan encontrar una nueva política social, humana, dialogada, mediante la cual volver a hacer ciudad: *"La clave para una ciudad realmente atractiva es pasar del paradigma del consumo de espacios y experiencias a la creación de espacios y plataformas para el aprendizaje colectivo."* (ECOSISTEMA URBANO, 2012, p. 4)

Plaza de las libertades (MGM + J. P. Lama + E. Pizarro, 2005)

El ágora digital

Hay muchos los ejemplos que ilustran otra manera de entender esta sociedad de flujos, como los que citan J. M. Montaner (2014) o J. P. Lama (2010), relacionados con el activismo urbano. Un ejemplo de este asociacionismo podría ser su proyecto "Wikiplaza" (2005) que parte de la idea ganadora para el concurso de la Plaza de las Libertades, en Sevilla, realizado en colaboración con J. Morales (MGM Arquitectos) y E. Pizarro, que supone una nueva manera de entender las relaciones entre la arquitectura, tecnología, industria, sociedad, sistema económico...

"La idea original del proyecto consistía en ensamblar saberes y experiencias tecnológicas desarrolladas en los ámbitos del arte, la arquitectura y los movimientos sociales (software y hardware libre, redes libres, hacklabs y hackmeetings, comunicación independiente, redes sociales digitales, experimentación audiovisual, video streaming...), para la configuración de un espacio público activo e híbrido entre lo físico, lo social y lo digital; un dispositivo para la producción social del espacio mediada por tecnologías digitales libres, y gestionada por sus propios habitantes (...) La WikiPlaza se basa en la concepción del territorio contemporáneo como el resultado de la interacción-hibridación del espacio físico tradicional, sus habitantes y una serie de capas tecnológicas, entre las que sobresale, quizás por su novedad (...) esto, la capa de las redes y flujos electrónicos" (J. P. LAMA, 2010, p. 25)

Wikiplaza (MGM + J. P. Lama + E. Pizarro, 2005)

Si hay algo que las TIC, por definición, permiten, es la comunicación humana. Y si hay algo profundamente humano es su condición de animal social, de su necesidad de relación para procurarse seguridad, sustento, progreso y desarrollo, y su uso ofrece un mayor grado de desarrollo de las sociedades. Desde la oralidad, pasando por la imprenta, las telecomunicaciones y la era digital, la comunicación ha sido el germen del avance de las sociedades, siendo el ser humano un medio en sí: *"Cuanto más retrocedemos a las antiquísimas formas humanas de producción del mundo, más prevalece el carácter personal del medio sobre su carácter aparativo (...) El carácter sapiencial del Homo consiste en que siempre estuvo capacitado para ser un mediador entre dos o más de sus semejantes"* (P. SLOTERDIJK, 2010, p. 147).

Y como mediador entre sus semejantes, participa de la construcción de una realidad común en la que habitar. En ese sentido se puede extraer una conclusión clave para el desarrollo del nuevo tipo de espacio de las TIC. La de que nunca es el individuo aislado el que posibilita un progreso, un proyecto común, y por tanto es necesario entender el proyecto de definir ese espacio común desde la comunidad, la interacción y el diálogo entre semejantes, es decir, el consenso y el feedback continuo en la busca de un progreso social, que permitiría la aparición de un nuevo entorno compartido acorde a esta época.

ARQUITECTURA

"La idea moderna de arquitectura ha perdido significado: La arquitectura digital experimental no rompe con la caja clásica sino que se olvida de ella." (F. MASSAD y A. GUERRERO, 2003, p. 2)

Arquitectura de límites difusos

La arquitectura hoy busca la integración de lo real y lo virtual, entre el mundo construido, funcional, con unos propósitos humanos, con una realidad digital que le plantea nuevos retos. Fue T. Ito quien planteó de manera decidida este nuevo reto, crear una arquitectura para el cambio de milenio, planteando una nueva manera de hacer derivada de la influencia de las TIC en la disciplina, basada en un análisis de los factores que, para él, nutren el conocimiento humano: Tecnología, el binomio Sujeto/Sociedad y la Naturaleza.

Sin embargo, así como T. Ito extrae una idea de arquitectura conjugando estos tres entornos, en este trabajo se pretende integrar desde el principio a ésta en la tríada inicial, también como objeto de estudio, que sirva para extraer la caracterización del concepto de espacio planteado.

Por ello, antes de empezar a desglosar una amplia serie de experiencias contemporáneas e ideas relacionadas con dicha integración, se avanza la identificación entre Naturaleza a Arquitectura en este trabajo. Partiendo de la "Naturaleza mediada" de M. Weiser, se plantea que la Arquitectura, también mediada, puede entenderse como una auténtica naturaleza, perteneciente a la categoría de "entorno" dado, no necesariamente construido exnovo, sino a menudo, preexistente.

En ese sentido, J. Echeverría ofrece una visión similar, presentando una Teoría de los Tres Entornos Humanos (1999) ofreciendo una visión metodológica y detallada de la situación del hombre y sociedad actuales tras el advenimiento de las nuevas tecnologías de la información.

En él describe estos tres entornos básicos como niveles escalares de complejidad técnica-social, siendo el E1 (la naturaleza, la persona, la casa...) el E2 (la sociedad, la cultura, la ciudad...) y el E3 (las tecnologías de la información y la comunicación), que se superpone y modifica a los anteriores, siendo la base de la revolución digital actual.

Estos conceptos servirán para completar y fundamentar la visión que se va a dar en esta investigación. Es en el entorno propiamente natural donde se centra con menos detenimiento, y quizá ahí se debería recordar como la Inteligencia Ambiental permite entender esta naturaleza mediada como un elemento muy importante de la habitación humana, de su manera de estar en ella. Se podría decir que tras discurrir el lapso de tiempo necesario para que las TIC lleguen a estar implementadas físicamente en ella, la naturaleza estará completamente mediada. Se tratará de un nuevo entorno, un lugar implementado de tecnologías ubicuas de la información, que como aquel paseo por el bosque de M. Weiser (1991), informara de todo lo que pudiera interesar.

"Most important, ubiquitous computers will help overcome the problem of information overload. There is more information available at our fingertips during a walk in the woods than in any computer system, yet people find a walk among trees relaxing and computers frustrating. Machines that fit the human environment, instead of forcing humans to enter theirs, will make using a computer as refreshing as taking a walk in the woods". (M. WEISER, 1991, p. 9)

La Naturaleza ha sido siempre trabajada por el hombre (agricultura, ingeniería...) lo que supone un grado de "mediación" evidente. Sin embargo existen aún zonas del globo terráqueo que no han sido físicamente modificadas por la mano humana. Con las tecnologías digitales, esto ha cambiado. Hoy, merced a satélites, GPS, cualquier punto del planeta existe en la red como conjunto de bits de información. Aún sin haber sido implementada físicamente ninguna tecnología en ella, aparece en los dispositivos digitales. El conjunto de videos "A day made of glass" (Corning Incorporated), ilustran bien esta situación.

Hoy, al empezar un proyecto, se puede visitar un solar escribiendo la dirección en un navegador. Se puede ver cualquier parte del mundo porque alguien (Google) ha pasado por allí. La Naturaleza hoy ya está parcialmente mediada. La capa de información que le está siendo añadida, hace que se pueda replantear su condición de "natural", para pasar a ser una categoría "natural-artificial", de la que no sólo se puede esperar relax o belleza, sino también información y potencialidades.

"La arquitectura tiende a ser –como todo artefacto producto de la tecnología– una naturaleza proxima. Naturaleza artificial, post-naturaleza, o naturaleza en segunda generación (...) los entornos construidos evolucionan hacia entornos post-naturales y biosimilares, que se comportan como naturalezas vivas, que procesan y reaccionan, que captan información de su entorno y de los habitantes, que interactúan con ellos". (A. FERRÉ y J. SALAZAR, 2007, p. 8)

Y esto supone un cambio en la manera de percibir y entender la Naturaleza, poniendo en crisis la dualidad entre los conceptos de espacio y lugar. Hoy ya todo entorno está mediado, todo entorno tiene una capa de información añadida, de significados asumidos, que antes de acceder a él, antes de implementar a la persona en el mismo, ya es un lugar en el sentido clásico del término. El puente de Heidegger ya ha sido construido antes de haber llegado a él. La pasarela residencial digital ya ha unido los dos mundos. Es evidente el avance respecto de los modelos de arquitectura pretéritos, lo que lleva a replantear las escalas de la habitación humana. T. Ito (2006) se pregunta a pequeña escala, cómo será la arquitectura que albergue a la persona hoy. Los modelos de la modernidad le resultan insuficientes. Intenta aunar ahora ese cuerpo concreto, subjetivo, con una arquitectura que ya no es sólida (Z. Bauman), sino mediante una arquitectura liviana, electrónica. Busca definir qué tipo de cuerpo es el "electrónico moderno", avivado por las TIC, para diferenciarlo del cuerpo moderno de la era de la máquina. Ni sus necesidades ni sus espacios son los mismos. *"El cuerpo como "experiencia vivida" está en contraste con el "otro cuerpo" que ha sido continuamente ampliado en el siglo XX"* (T. ITO, 2006, p. 7)

Una imagen ilustra su idea: La de flotar en la red, desde la pantalla del ordenador, sentado frente a ella, del poeta T. Toda (1994), le sirve para plantear un cambio conceptual para una nueva manera de sentir el espacio y la arquitectura: *"La interfaz ha pasado a formar parte del cuerpo. Mientras trabajo con el ordenador tengo la sensación de meter los pies en el agua. No está fuera, pero tampoco está dentro de mí. Sin duda, esta extraña realidad redefinirá el ámbito del yo"* (2006, p. 21). *Cita a Tsutomu Toda (Tosogare no Kijutsu), Heibonsha, Tokio* (1994).

Interfaz y cuerpo humano se funden así en una suerte de magma fluido en el que el ser humano habita hoy. La idea de espacio fluido, líquido, es uno de los logros más interesantes de la cultura arquitectónica del fin de siglo. Una arquitectura "blanda" que muta con el habitante. Esa idea de espacio interactivo inunda la escena y le sirve para establecer una teoría de la arquitectura desde ella. Plantea un entorno mediado, que responde a las necesidades del habitante y es capaz de asumir la implementación de las acciones de las personas sin definirse mediante unos límites precisos o estáticos. Una nueva arquitectura para que la gente se sienta viva en ella, haciendo partícipe al objeto construido de sus necesidades vitales. La casa ya no es un objeto rígido, material, sino vivida, lábil, definida mediante una habitante nómada sin lugar más allá que sus pertenencias de niveles inferiores (Ch. N. Shulz), sin lugar en la matriz urbana. Es su modelo de la chica nómada de Tokio, cuya casa es la ciudad en su extensión. Es ella con sus acciones, quien hace suya y modela la relación con la ciudad, creando sus lugares.

Más allá del modelo de la chica tokiota, hoy la nube de información se superpone a los lugares físicos, ampliando el concepto de arquitectura, fluida, electrónica, implementada por tecnologías que responden a esta época. Es en este marco de trabajo donde se ubica esta mirada. La arquitectura pierde sus límites, ahora difusos, y pierde solidez para extenderse en un entorno mucho más complejo y rico. En un entorno que está ya mediado, y es la propia persona-sociedad la que lo activa. Una arquitectura que debe ser capaz de responder a la vida real con la virtual, la arquitectura vivida con la implementada por las tecnologías, y asumir la información como capa adicional de su caracterización.

El espacio líquido

Es un concepto que ha sido desarrollado en las últimas décadas,
tanto desde el punto de vista de la crítica como en la práctica arquitectónica, intentando "construir" esta nueva situación espacio-
temporal. La noción de espacio líquido nace con T. Ito. Aunque no
explícitamente así denominado, en su ensayo *Una arquitectura que
pide un cuerpo androide* (1988) allí llamado "espacio fluido": *"Hace
falta producir una corriente de aire entre el espacio real y el ficticio. Este
último va creciendo desde el interior, delimitado sólo por una fina capa,
y no se debe intentar someterlo a un orden arquitectónico, sino que hay
que dejarlo flotar en estado de fusión en medio de la realidad. Se trata
de generar un espacio como fluido, en el que se sucedan incesantemen-
te movimientos de ida y vuelta entre la ficción y la realidad. Para mí, el
espacio ideal de la arquitectura es el que me hace sentir que estoy siempre dentro de él"* (T. Ito, 2000, p. 65).

Esta idea la desarrolla en su ensayo "La cortina del siglo XXI. Teoría
de una arquitectura como fluido". (2000, pp. 67-80), donde habla ya del
cuerpo humano como fluido, de la sociedad y la ciudad como fluidos,
flujos (también de información), y finalmente, la arquitectura como
arquitectura de remolinos, que se envuelve por una cortina digital
como pantalla de información ligera. En base a ella desarrollada su
proyecto para el concurso del Centro Cultural Franco-Japonés al que
denominó "Barcos de medios de comunicación flotantes sobre el
Sena" parisino.

La idea de flujo asociada a esta época fue también expuesta por M.
Castells (1996) con su "espacio de los flujos" y resultan paralelas
desde una mirada filosófico-sociológica a la de T. Ito. Como correlato construido, su Mediateca de Sendai recrea una bella pecera
habitada, atravesada por orgánicos haces de energía (estructura e
instalaciones) y flujos de personas dando sentido a ese gel fluido
en el que los espacios varían según las acciones que estos usuarios
potenciales provocan.

Desde entonces, la noción de espacio líquido se presenta como
correlato directo de la sociedad de la información. *"Cyberspace is*

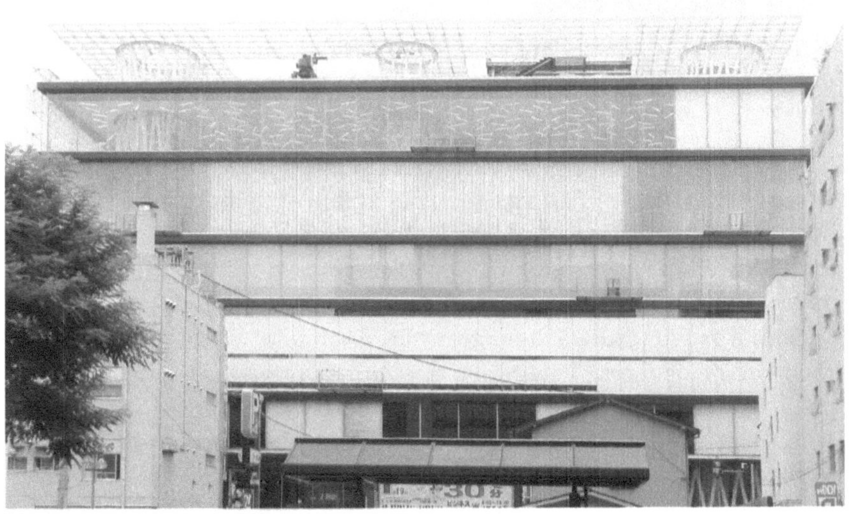

Mediateca de Sendai (Toyo Ito, 1997-2001)

Mediateca de Sendai (Toyo Ito, 1997-2001)

liquid. Liquid cyberspace, liquid Architecture, liquid cities. Liquid architecture is more than kinetic architecture, robotic architecture, an architecture of fixed and variable links. Liquid architecture is an architecture that breathes, pulses, leaps as one form and lands as another." (M. Novak, 1991, p. 283).

I. Solá Morales (2001), también plantea la posibilidad de hablar de una "arquitectura líquida", en su caso más ligada al tiempo que al espacio, que intenta ordenar el tiempo y la duración. Esa arquitectura que configurará, no la estabilidad, sino el cambio ligado a la fluidez de las situaciones reales que se producen en la ciudad contemporánea. Sería una arquitectura a la manera "bergsoniana" en cuanto a multiplicidad de espacios y tiempos, duraciones privadas y subjetivas, que olvida categorías fijas (espacio-tiempo) planteando otras, más variables y múltiples como sistema de acontecimientos. Así, la ciudad no son los objetos construidos ni los vacíos entre ellos, sino los flujos que discurren por ella (M. Castells), aunque en este caso, de corte humano-maquínico. Se trataría de una arquitectura líquida que se relaciona con los flujos humanos de los aeropuertos, estaciones marítimas o de ferrocarril, lo que M. Augé llamó "no-lugares" (1993). Sin embargo, para él, aún parecía complicado construir físicamente este tipo de espacios: *"producir las formas de la experiencia de lo fluido sigue siendo hoy más un deseo que una realidad asequible"* (I. S. Morales, 2001, p. 33).

Materializar esas formas hoy requiere una atenta mirada sobre las estrategias de definición del objeto. Quizá la forma, como tal, no sea un buen referente. Más que la propia forma, tan cara a una vanguardia que necesitaba formalizar unas ideas en objetos reales, hoy la mirada se vierte sobre el proceso y el interfaz entre éste y su representación final: *"Tenemos que idear un tipo de arquitectura provista de un límite que funcione a modo de sensor, a semejanza de la piel humana y tan sensible como ésta. Debe ser una arquitectura que incorpore una relación interactiva entre el entorno artificial y el natural, garantizando un hogar agradable para el nuevo cuerpo"* (T. Ito, 2006, p. 28).

La inicial complejidad técnica para construir esa nueva realidad está cada vez más cerca de ser superada. Quizá sea aún el componente económico el que aún lastre la situación (evidentemente, a este lado de la "brecha digital"), pero multitud de trabajos ofrecen ya las primeras materializaciones concretas de esas nuevas "formas de lo fluido".

Ello hace pensar que la materia de la arquitectura debe ser revisada. No sólo de lo que ésta está hecha, físicamente, sino cómo se argumenta. Como reflejo de una situación cultural, social, y técnica, los referentes básicos que la nutren parecen haber cambiado. En ello se basa la aparición de estas "arquitecturas líquidas" fundamentadas en la transformación ontológica que caracteriza este tiempo, y que se define como la de *"la quiebra definitiva de la metafísica de la sustancia (...) Nos hallamos, por decirlo de una vez, ante signos que indican la irrupción en todos los ámbitos del pensamiento y la cultura de un nuevo imperio: el imperio de lo fluido"* (L. ARENAS, 2011, p. 3), en relación directa con el espacio de los flujos de M. Castells (1996) o la ciudad de T. Ito (2000). El entorno referencial parece licuarse.

Esa fluidez, esa INFORMALIDAD del mundo y sus expresiones, no hacen sino reforzar las teorías de Z. Bauman. Hoy no parece entenderse el mundo sin esa labilidad aplicada a todos los ámbitos de la vida. Esa carencia de formas estables, fuertes, seguras, supone una revolución ante la que cabe preguntarse: *"¿Qué significa que hoy nuestra época prefiera autodefinirse bajo un estado de la materia que tiene como principal característica carecer de forma precisa y cambiar según sea el recipiente que la contiene?"* (L. ARENAS, 2011, p. 4).

Si la ciudad, la arquitectura, y sus habitantes carecen ahora de ese centro, de esas referencias "sólidas", todos aquellos conceptos clásico-modernos de estabilidad, orden, han sido sustituidos por otros más lábiles, difusos, abiertos. Ello lleva el foco hacia la experiencia de la persona en el espacio privado y común. La segunda mitad del siglo 20 propone un nuevo Humanismo que devuelva al ser humano al centro del foco. Sujeto y objeto, volverían a estar relacionados a un mismo nivel.

Y es la visión del sujeto, de muchos, la que permite reedificar la realidad sobre una perspectiva diferente. *"Deleuze ha puesto de manifiesto la inexistencia de una plataforma desde la que sea posible construir una visión del mundo. No hay una plataforma, sino mille plateaux, una multiplicidad ilimitada de posiciones desde las cuales sólo es posible montar construcciones provisionales"* (I. S. MORALES, 1995, p. 94). Dichas construcciones provisionales son las generadas por las intenciones, necesidades y decisiones de las personas. La realidad se configura a través de las múltiples miradas privadas y el mundo parece no estar poblado por entidades, sujetos u objetos, estables, permanentes, "átomos ontológicos", sino que se ha obrado una *"inversión que va desde una metafísica de la sustancia a una ontología del devenir (...) esa metafísica de la sustancia ha dejado paso a una ontología relacional, del mismo modo que la concepción corpuscularista de la materia ha ido siendo desplazada en la física moderna por la idea de campo"*. (L. Arenas, 2011, p. 5).

Como mirada alternativa sobre el concepto de espacio moderno, ya no corpuscularizado, geométrico, sino definido por lo que cada persona crea con sus acciones, como acontecimientos (G. Deleuze) sobre un "espacio liso". Para él, no existe espacio a priori, sino "formas de espaciamiento", contraponiendo el espacio moderno, o "estriado", óptico y extensivo, a un nuevo tipo de "espacio liso", intensivo y háptico, fluido, en constante variación sin forma previa. Se entendería este cambio así: *"A la desustancialización del objeto le acompaña (...) una fluidificación de los espacios. Lo que el espacio liso contiene no son formas ni sujetos sino fuerzas y flujos. O, por mejor decir, son formas y sujetos 'abiertos', en continuo devenir y transformación"* (L. Arenas, 2011, p. 7)

Se trata de la constatación de una nueva caracterización del espacio en la que los códigos anteriores son sustituidos por otros más lábiles, abiertos, definidos por la acción de la persona sobre él. La cultura del escenario, de la presencia mediada, de la red social, hace de la arquitectura un nuevo lugar de acciones APLICADAS a un espacio compartido generado por nuevos actores tecnológicamente avanzados.

Un amplio número de arquitectos ya están recorriendo ese camino. Para ellos la arquitectura fluida es un objeto generado a partir de las interconexiones entre el usuario y un entorno mediatizado que supone la arquitectura preparada para él. Formas generadas también por programas de diseño asistido, que ayudan a parametrizar los materiales de construcción para erigir modelos únicos para la experiencia sensorial humana. Si bien ésa no es la intención aquí (la forma final, los programas de diseño utilizados o la geometría que las generan),

lo que sí es definitorio es el modo en cómo responde la arquitectura
a las acciones del usuario, a sus procesos mentales. J. Echeverría
(2013) recuerda que tras las máquinas, que son meros instrumentos,
están las mentes humanas, que es lo fundamental.

La arquitectura que se propone hoy intenta integrar la nueva "experiencia del yo", de ese nuevo "cuerpo electrónico moderno" que
demandaba T. Ito, intentando desvelar ese nuevo "cuerpo de la experiencia vivida" propio de la época de las TIC, dando un paso más
sobre el sujeto de la arquitectura moderna, ajeno referencial y afecti-
vamente a la perfecta máquina funcional que lo alojaba. Esta frase de
K. Oosterhuis ilustra las experiencias desarrolladas en este sentido:

*"La casa de hoy ya no es una rígida machine à habiter, sino un organis-
mo programable que se dirige a los deseos individuales de sus ocupan-
tes"* (L. Arenas, 2011, p. 9).

L. Spuybroek, plantea otro tipo de espacio posible, basado en el concepto de retícula cartesiana moderna (dry grid), sustituyéndola –y
de nuevo bajo el referente baumaniano– por una retícula líquida (wet
grid), llena de información: Llevado a la práctica en su Fresh Water
Pavillion (1993-1997), en la H2O expo, en Holanda, un entorno actualizable que reacciona con el usuario, donde *"el interior del espacio
muta constantemente, Spuybroek elimina todas las superficies rectas y
ángulos rectos, hace que las formas que define el espacio parezca que se
mueven, y se introduce, controlados por ordenador, luces que cambian
la iluminación del interior"* (L. Manovich, 2002, p. 13).

Proyecto éste pionero en abordar la relación entre tecnología digital
y arquitectura, a través de un usuario como principal protagonista.
*"Dentro de él, NOX desarrolló una experiencia espacial inmersiva. El
edificio reaccionaba a los movimientos de los visitantes, un escenario
continuamente cambiante sugerente de la nueva liquidez que informa la
arquitectura"* (M. A. Brayer, 2008, p. 2).

Se trata de un espacio PROACTIVO que es capaz de cambiar formal y
funcionalmente gracias al usuario: *"Aquí la información que recibe el
sistema interactúa con él, lo transforma, lo obliga a reajustarse continuamente al modo como un globo lleno de fluido 'negocia' continuamente las fuerzas interiores y exteriores a las que se ve sometido para*

adquirir su forma o reorganizar a cada instante su configuración" (L. ARENAS, 2011, p. 23)

Este proyecto y otros que se desarrollan en esta línea proponen una necesaria interacción entre usuario y PROGRAMADOR, entre objeto construido y proceso que lo configura. De ahí se desprende también un componente filogenético, que permite entender esta nueva situación desde el punto de vista de modelos EVOLUTIVOS para estas arquitecturas:

"Proponemos que prototipo y la retroalimentación expresados en la arquitectura vernácula mediante la construcción real sean reemplazados por la modelización informática y la simulación (...) Una metodología (...) en la que el modelo se adapte repetidamente en el ordenador respondiendo a la retroalimentación a partir de la evaluación" (J. FRAZER, 2009, p. 31)

G. Lynn, que trabaja en esa dirección, plantea las bases de lo que para él debe ser la arquitectura actual: *"Si los arquitectos pretenden participar en las fuerzas dinámicas, a menudo inmateriales, que conforman la ciudad contemporánea, deberían asumir tanto una ética como una práctica de la movilidad, lo que incluye comprender que los modelos clásicos de formas y estructuras puras, estáticas, esencializadas e intemporales ya no son adecuados para describir la ciudad contemporánea y las actividades que soporta"* (G. LYNN, 2009, p. 107)

Ello apunta a una nueva visión de la FLEXIBILIDAD, que se detallará más adelante en contraposición al mínimo común múltiplo de posibilidades que la arquitectura moderna permitía a sus habitantes. *"La flexibilidad de la arquitectura moderna mantenía un carácter abstracto y predeterminado en tanto que su diseño estaba al servicio de una mera generalización estadística: una media aritmética que, sin embargo, no correspondía a ningún particular real. De ahí que una geometría inmaculada no pueda ser ya invocada como una vía heurísticamente adecuada para la resolución de los problemas a los que el arquitecto ha de enfrentarse"* (L. ARENAS, 2011, p. 24)

En sintonía con esta idea de proceso evolutivo G. Lynn propone, con su "Embryological House", una arquitectura PARAMETRIZADA y de

Fresh Water Pavillion (Lars Spuybroek, NOX, 1993)

Fresh Water Pavillion (Lars Spuybroek, NOX, 1993)

código genético que, como sistema, es capaz de autogenerarse en infinitas reproducciones sin ser dos iguales, donde parametrizar la individualidad y fabricarla cuesta igual que estandarizar mil piezas. Esta visión plantea una nueva visión sobre el proceso de hacer arquitectura ligada a su componente matérico, físico, ligado a los programas de generación de formas digitales. Es consciente de la necesaria integración del ser humano en ella, que interactuando a través de dichos programas: *"La única característica que diferencia todos esos procesos informáticos es la integración de los flujos temporales y las fuerzas formalizadoras en la descripción de la forma a través del tiempo"* (G. LYNN, 2009, p. 107).

Aparece así un nuevo campo referencial, la capacidad del modelo de asumir cambios físicos relacionados con la propia formalización paramétrica, derivada de aquella "diferencia repetible" que parece ser el punto distintivo de la FABRICACIÓN actual: *"Lynn creó una casa conformada por elementos estándar (...) es un prototipo de vivienda en la que todas las casas comparten un "código genético" pero que, atendiendo a las diferentes necesidades, adquiere forma y tamaño único e irrepetible, similar al proceso de gestación de un animal"* (E. G. LUCIO, 2000, p. 22). Las variaciones de cada Casa Embriológica provienen de la adaptación a las eventualidades: estilo de vida, sitio, clima, métodos constructivos, materiales, espacio y necesidades de uso del habitante.

Todas estas formas que albergan un espacio interactivo, variable, ¿fluido? tienden a la forma indefinida o compleja, resultado de diseños realizados por programas informáticos que generan edificios informes, lugar común en gran parte de estas arquitecturas. Es cierto que los programas de diseño a menudo dirigen la manera de hacer arquitectura, pero no debería presuponer la forma final: *"la consecuencia más persistente y visible de las tecnologías digitales en arquitectura parece ser, extrañamente, la redondez (...) La empatía entre las tecnologías digitales y las formas redondeadas que caracterizó las primeras fases de la revolución digital en la arquitectura no fue una rareza de la historia; se trataba de la consecuencia racional de varias causas tecnológicas y culturales con raíces profundas"* (M. CARPO, 2009, p. 59)

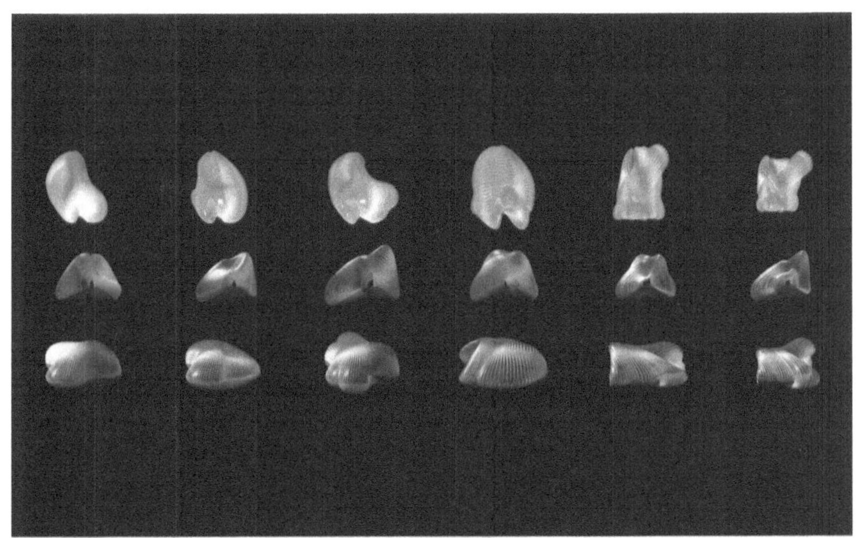

Embryological House (Greg Lynn FORM, 1997-2001)

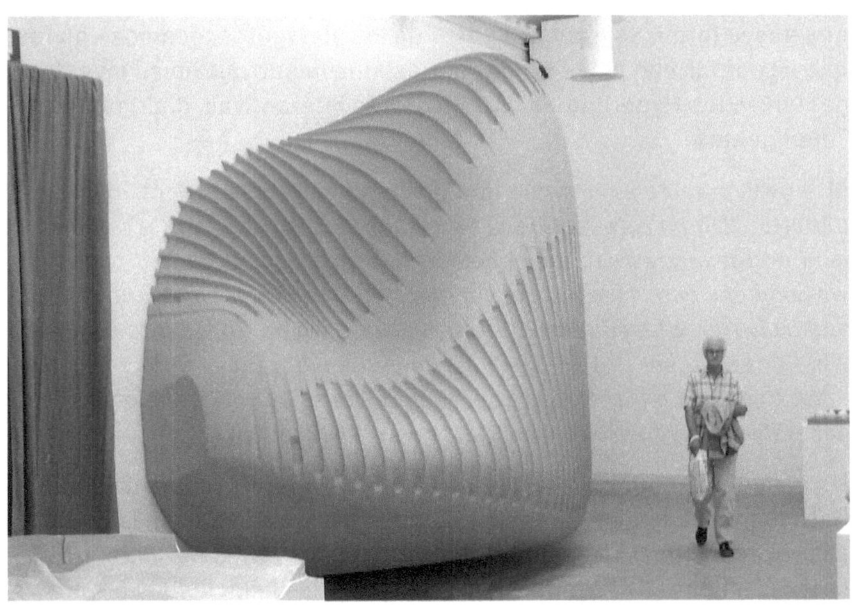

Embryological House (Greg Lynn FORM, 1997-2001)

Es necesario superar esa forma final, para entender cómo generar y producir esta arquitectura ligada a un nuevo usuario, con programas que reflejan y evolucionan con sus vivencias reales. Resulta irrenunciable encontrar *"Una metodología (...) en la que el modelo se adapte repetidamente en el ordenador respondiendo a la retroalimentación a partir de la evaluación (...) Lo que estamos desarrollando son las reglas para la generación de la forma más que las formas en sí. Describimos procesos, no componentes; nuestra aproximación es más de paquete de semillas que de bolsa de ladrillos"*. (J. FRAZER, 2009, p. 35).

En este sentido se desarrolla también la E-motive House, de Kas Oosterhuis, un prototipo de vivienda proactiva que, como construcción programable, varia su forma y dimensiones en tiempo real y código abierto para satisfacer las demandas de sus habitantes, ofreciendo espacios multifuncionales, conformados por elementos de madera que mediante sistemas neumáticos cambian como un músculo humano según las tensiones funcionales que el habitante implementa en ella.

De ese modo, intenta escapar de la mímesis directa con el elemento orgánico o las formas extraídas de la naturaleza, buscando revelar una nueva forma de trabajo a partir de los elementos técnicos con los que se conforman estas arquitecturas, que desarrolla en su investigación en los Hyperbodies, arquitecturas interactivas, dialogantes, "inteligentes".

M. Novak plantea su espacio líquido como ambiente proactivo con el usuario: *"Liquid architecture is an architecture whose form is contingent on the interests of the beholder; it is an architecture that opens to welcome me and closes to defend me; it is an architecture without doors and hallways, where the next room is always where I need it to be and what I need to be. (...) For the first time in history the architect is called upon to design not the object but the principles by which the object is generated and varied in time."* (M. NOVAK, 2002, p. 284).

Un ejemplo bastante literal sería el Digital Water Pavillion, de Carlo Ratti, para la Expo de Zaragoza, donde cortinas de agua en las que se proyecta información interactúan con los usuarios permitiendo el desplazamiento de los mismos a través de ellas, e incluso el propio edificio desaparece en el terreno para recuperar el espacio urbano

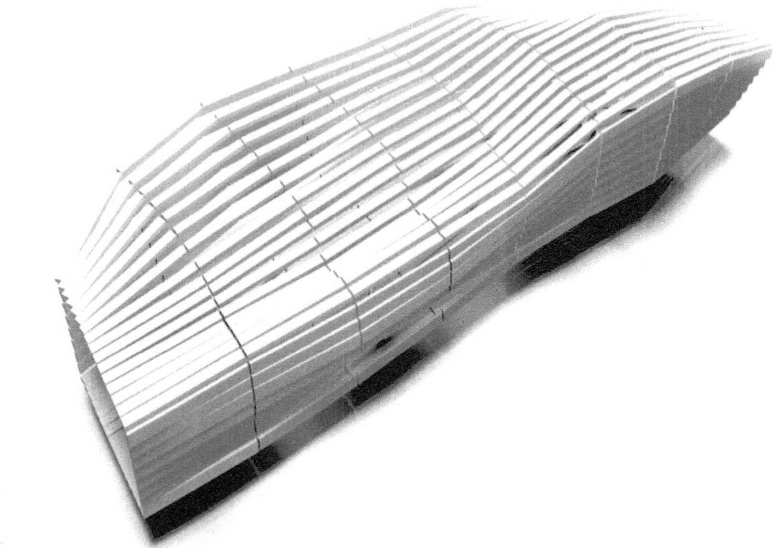

E-motive House (Kas Oosterhuis, ONL, 2002)

E-motive House (Kas Oosterhuis, ONL, 2002)

ocupado, en los momentos del día en los que el pabellón no era usado. O el proyecto Cloud Cast, donde las condiciones climáticas se modifican puntualmente para dar a cada usuario una experiencia háptica personal.

En este tipo de arquitecturas resulta fundamental integrar las nociones de TIEMPO y ESPACIO también en el sistema generador, consustanciales con un resultado –forma– que pierde protagonismo frente a la primacía del proceso. La arquitectura líquida plantea la intrínseca relación entre los medios técnicos actuales y la configuración de la forma final, bajo una filiación genético-evolutiva dependiente de los sistemas de ideación y construcción digitales. Una arquitectura donde el usuario aplica sus intereses como código de programación, no bajo la visión funcionalista. La sociedad informacional ya no es la homogénea de la modernidad, sino que asume la complejidad y mixtura del habitante de la nube actual.

"Marcos Novak postula la arquitectura líquida como patrón constructivo del CIBERESPACIO (...) la característica principal de este espacio es su maleabilidad y mutabilidad; lejos han quedado la constancia y perdurabilidad que buscaban las ciudades modernas (...) importante es su carácter procesual e interactivo: una arquitectura que ya no se piensa únicamente en términos de espacio sino también de tiempo; sitios que no definen de antemano las posibles necesidades de los usuarios sino que se adaptan a ellas." (R. ALONSO, 2004, p. 4)

Pero esta nueva arquitectura necesita una teoría que la sostenga: *"El considera la arquitectura como transmisible por este medio, ahora finalmente habitable en espacios interactivos y lugares donde pueden ser distribuidos por medios electrónicos. Esto conduce a la directa conclusión de que la teoría, la práctica, así como la educación, se enfrentan a preguntas sin precedentes dentro de la propia disciplina, como 'Aprender de software' reemplazaría a Aprendiendo de Las Vegas, la Bauhaus o Vitruvio"* (M. BENEDIKT, 1991, p. 70)

Es M. Benedikt quien intenta plantear una teoría general del espacio ligada a la idea de la INFORMACIÓN para intentar resolver el problema acerca de "la quiebra de la metafísica de la sustancia" (L. Arenas): *"Si queremos llegar a profundizar en la 'naturaleza' del 'espacio propio',*

Digital Water Pavillion. Expo Zaragoza (Carlo Ratti Associati, 2008)

Cloud Cast. (Carlo Ratti Associati, 2015)

entonces, creo que debemos permitir en él, por así decirlo, una sustan-cia de algún tipo: no es el éter de la ciencia del siglo XIX (...) ¿Y cuál es esta 'sustancia?' Información." (M. BENEDIKT, 1991, p. 1)

Su "Though Experiment n°2" recrea un recorrido por un mercado romano donde el observador no controla la información que le es dada en un espacio MULTIDIMENSIONAL e inabarcable del que no puede sustraerse: *"Estoy en un mercado al aire libre en Roma. Es abril. Mon-tones de frutas y hortalizas –tomates, calabaza, pimientos rojos, no hay dos iguales– en cajas de madera bajo una lona a toldos. El agua brilla, negra, entre los guijarros debajo de mí. El aire se llena con los sonidos del tráfico y las voces, cada una desde una dirección única. El olor a fresco de los peces en una brisa caprichosa, y luego el olor del café. La escultura en mármol blanco (...) una fachada barroca con sombra, y en el cielo azul, veo la estela de un avión hacia el oeste, lejos del sol"* (M. BENEDIKT, 1991, p. 1)

De dicha experiencia sensorial extrae una idea clave para su discur-so: *"En este sentido, 'espacio' e 'información' que, si no idénticos, están en relación recíproca. Todo el espacio es el espacio para... la información de las cosas (...) Espacio por tanto es, y está compuesto de información"* (M. BENEDIKT, 1991, p. 1).

Para ilustrar ese nuevo "LUGAR" plantea su Teoría de los Isovists, donde denota cómo, aparte del mundo real, existe un mundo super-puesto (recordar el E3 de J. Echeverría) y con la que aporta una sín-tesis entre espacio, tiempo e información actuales. Filtrados por la información de la red, son los que definen el nuevo espacio contem-poráneo. Una ficción (T. Ito) que supone la estructura de la nueva rea-lidad, un espacio de información: *"Internet (...) permite la creación de ficción, consistente, totalmente eléctrico, el 'tercer' espacio, lugares que existen en ninguna parte y en todas partes (...) La información es intrín-secamente espacio-temporal, y el ciberespacio no es más que el nombre que se da a la información espacio-temporalizado en una manera especí-fica."* (M. BENEDIKT, 1991, p. 1)

El espacio así planteado une arquitectura y naturaleza integrándolos en una misma categoría. El entorno habitado, natural y arquitectó-nico, resulta así inmersivo gracias a las tecnologías, produce estos

Media box. Información en una calle de Tokyo. (2008)

Pantalla interactiva en una tienda H&M en Valencia (2015)

nuevos Ambient Intelligence, como continuo espacio-temporal-informacional en el que se desarrollan proyectos como la Media House, desde el IAAC junto con el MIT de Massachusetts, que se presenta con esta idea:

"La casa es el ordenador, la estructura es la red ".[9]

En sus trabajos se explora cómo una estructura digital puede configurarse en forma arquitectónica, como una arquitectura interactiva: "La piel conectada al esqueleto estructura recibe información, reacciona, produce y modifica sus características con respecto a los procesos que ocurren en el exterior-interior de la casa." Se confunden así ¿arquitectura de límites difusos, líquida...? los límites entre infraestructura y estructura, entre caja y superficie, en la que todo pasa a formar parte de un nuevo moldo de pensar la arquitectura gracias a la integración de las TIC en ella: *"La Casa de los medios de comunicación no será 'una casa con un ordenador', sino que la casa va a ser el ordenador. Como dice Neil Gershenfeld, la arquitectura nunca será inerte de nuevo".*

Ello supone una nueva manera de entender la materialización del objeto arquitectónico en este entorno de estudio, apareciendo ahora como una nueva naturaleza mediada, un espacio inmersivo, que será activado por las personas, lleno de información que intercambiará con la del usuario. Esto es lo que proponen estos ejemplos de arquitectura. *"Es esto lo que ocurre con los 'edificios programables' de K. Oosterhuis (...) se suma desde su estudio ONL al proyecto de una arquitectura líquida al entender el dispositivo arquitectónico como un cuerpo móvil con una piel sensible. El carácter líquido de su arquitectura pasa por convertir el edificio en un hyperbody, un 'cuerpo construido programable cuya forma y contenido cambie en tiempo real'. El edificio (...) se convierte en una máquina de procesamiento de información en tiempo real"* (L. ARENAS, 2011, p. 25)

Asumido el carácter mediado de la realidad, un último acercamiento reciente al concepto sea el trabajo de J. Ishigami, a cuya arquitectura

---

[9] Para más información del Proyecto Media House. Ver: http://iaac. Net/iaac/publications/the-media-house-project/

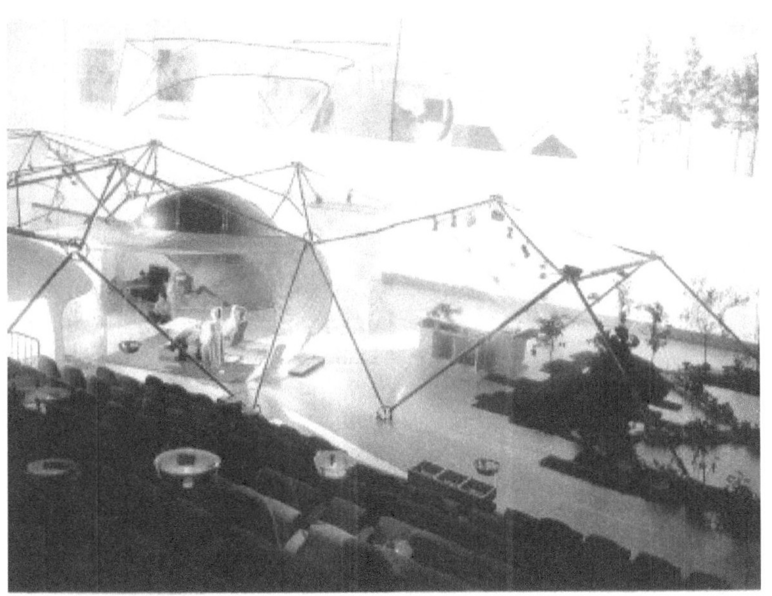

Media House (IaaC, 2004)

Media House (IaaC, 2004)

J. M. Montaner denomina como *"arquitectura líquida para la acción"* *(2014), integrando dos entornos complementarios que son importantes para cerrar el círculo de los factores que permiten desarrollar una visión global como aquí se pretende encontrar: Arquitectura líquida y acción humana. Para él su arquitectura es líquida ya que su trabajo se desarrolla fundamentalmente "potenciando atmósferas y actividades en un espacio cambiante"* (J. M. MONTANER, 2014, p. 171).

Siendo su arquitectura aún pre-digital, interesa resaltar finalmente esta idea de acción humana, capaz de activar la capa de información con sus terminales personales, ya que es la llave que permitirá abordar la situación actual de una manera completa. El arquitecto japonés *"considera que la misión de la arquitectura es potenciar la acción de las personas"* (J. M. MONTANER, 2014, p. 171), y por ello su arquitectura se desmaterializa, se funde en el entorno, y la naturaleza penetra en ella a través de sus inmateriales paredes de vidrio que envuelven un bosque de finísimos pilares metálicos. Quizá sería una nueva materialización del anhelado jardín de chips de T. Ito o el informado bosque de M. Weiser.

IIT Kanagawa (Junya Ishigami, 2008)

IIT Kanagawa (Junya Ishigami, 2008)

Sólido, líquido y nube

Estas investigaciones parecen no gozar aún de una visión holísitca del concepto de espacio arquitectónico, al carecer el objeto construido de una relación coherente con el entorno que les rodea. Estas nuevas arquitecturas analizadas no se producen en un contexto mayor, social, que es el fundamento de la arquitectura, la polis, sino que acaban y se definen en sí mismas, ajenas del contexto.

"Estamos inmersos en un periodo de cambios tan importantes y drásticos como los de la Revolución Industrial: no podemos limitarnos a comprenderlo como la producción de unos modelos de formas complejas y arriesgadas posibilitadas por las máquinas" (F. MASSAD y A. GUERRERO, 2006, p. 4).

El objeto, la arquitectura líquida propuesta en estos ejemplos, parece acabarse en sí misma, es autorreferente y establece una "esfera" construida –formal y conceptualmente– en donde el espacio viene definido por su materialidad y potencialidades de cambio, de mutación, de información, pero de un modo finalista. Por ello no es sólo necesaria una arquitectura líquida del modo como lo proponen M. Novak, K. Oosterhuis, L. Spuybroek, y tantos otros, sino que el concepto de espacio que se intenta categorizar debe ser previo, holista, existe en ellas y en otras, en espacios cerrados y abiertos, edilicios o urbanos, sin depender de la forma o contingencia de un programa informático.

Sin embargo nada parece ocurrir cuando el usuario sale de dichos espacios. Cuando sale de ese "globo", esa "burbuja" informal de información, parece no existir ya ese espacio arquitectónico nuevo. Esos edificios aíslan a la persona en un espacio mediado, y al salir de él, la experiencia del escenario planteado desaparece. Se acabó el espacio nuevo. Pero para la intención de este trabajo, el espacio es el mismo dentro y fuera de los edificios, el concepto de espacio está extendido también al entorno natural, ya esa idea se debe añadir la relación natural con un contexto social que define las razones y posibilidades de éste.

El jardín de T. Ito o el bosque de M. Weiser necesitan pues de la existencia de la cabaña digital, construida con los mismos materiales

extraídos directamente del bosque en el que se inserta. El bosque
es el flujo de los medios, la información, y el espacio que este flujo
genera, siguiendo la idea de M. Castells, es el espacio que aparece
a cada lado del límite que físicamente divide la arquitectura de su
entorno. El límite, el dentro y fuera desaparecen, ahora de un modo
diferente al clásico concepto moderno, positivista, de relación interior-exterior. Quizá el acercamiento más franco vuelve a ser el de T.
Ito con su idea de arquitectura de límites difusos. Pero aún pocos
elementos que definan esta imagen hay en las propuestas actuales
analizadas en este apartado. En ellas, el objeto aún vence al sujeto.
La forma se antepone demasiado a la vida del usuario.

Las arquitecturas desarrolladas a partir de la idea de espacio líquido,
en muchos casos no parecen aún estar pensadas para la persona o
la colectividad, sino para los "media". Porque se tiende a dar forma
a algo que se intuye que no la tiene. El uso, la función, en la modernidad, se formalizaba en espacios que debían servir para ello. Esta
situación ha cambiado. La función viaja con los habitantes y éstos
implementan la función en un espacio, independientemente de cómo
sea éste. Es el cambio principal; el uso, ahora aplicado, un nuevo
tipo de función, que viaja por la llamada "nube", será el que defini-
rá hoy el espacio, fundamentalmente informacional, pero que no
se configura físicamente ni necesita forma concreta, ya sea sólida,
líquida, o, incluso gaseosa, como las del proyecto Blur Building, de
Diller&Scofidio+Renfro, las Mollier Houses de Ph. Rahm, o el Cloud
Cast, de Carlo Ratti Associati.

La nueva arquitectura de la nube responderá proactivamente a un
nuevo tipo de usuario, humano o no, inmerso en un espacio "mediado" que existe previo a ella. Esta nueva naturaleza "dotada" está
dentro y también está fuera. Albergada bajo un árbol, envuelta en
una electrónica ubicua o conformada por una película digital de última generación.

HACIA UN MODELO HOLISTA

*"Un proyecto objetivo de lo colectivo consiste
en que se alcance un conocimiento objetivable y comprensible
con los procedimientos de la complejidad, la intersubjetividad
y la interdisciplinariedad"*

J. M. Montaner, 2014, p. 16

Computación Ubicua (Inteligencia Ambiental), Modernidad Líquida y Espacio Líquido son tres ideas suficientemente atractivas como para resistirse a intentar conjugarlas de un modo holista para definir un nuevo concepto de espacio arquitectónico coherente con esta época. Se ha visto como a partir de ellas se están realizando múltiples aportaciones buscando entender el espacio arquitectónico desde varios campos de acción (tecnología, sociología, filosofía, arquitectura...).

Quizá, sean los textos relacionados con la propia arquitectura los que por debido a su carácter técnico-humanista, los que más se acerquen a esta tarea. La necesidad de realizar este trabajo de síntesis aceptando la complejidad y transversalidad del mundo actual, guía esta aventura.

Fueron los textos de T. Ito (2000, 2006), los que abrieron el camino conceptual que en la práctica real no parecen tener correlato construido. A la vista de los diversos ejemplos realizados, casi siempre aún ligados a exposiciones temáticas o resultado de emergencias puntuales más ligadas a una situación especial o como manifestación programática aún excesivamente marcados por las posibilidades técnicas actuales, hay que aceptar que la arquitectura aún no ha asumido las verdaderas posibilidades que la técnica le ofrece.

Dichas "Arquitecturas líquidas" (L. Arenas, 2011) no parecen aún capaces de encontrar un corpus consensuado o completo que genere un modo de hacer contemporáneo. Pero dichas arquitecturas generadas parecen más ligadas a un componente formal-técnico que a la real vivencia de esos espacios por sus habitantes habituales, los usuarios que viven en ellos, alejados del mero espectáculo de la tecnología envuelta en formas creadas por complejos programas de diseño.

Porque el componente social queda casi siempre periclitado. En la época digital, por ejemplo, aún no se ha propuesto una arquitectura para la emergencia, unos espacios para los desarraigados (que también disfrutan de dispositivos digitales). Es una arquitectura hoy muy necesaria, la de espacios efímeros creados también a partir de las TIC.

Se hace necesario, por ello, extraer y conjugar con ellas la vertiente más social del espacio, indagando en el componente socio-filosófico como resultado del cambio producido por la aparición de ellas.

Ese nuevo "Entorno" (J. Echeverría, 1995, 1999), aparece como el marco principal de estudio. Siendo uno de los referentes más completos y precisos sobre la aparición de esta nueva situación, su aproximación a la casa, la ciudad y la arquitectura resulta de gran valor teórico, pero sin que haya llegado a analizar –consecuentemente con el carácter de sus ensayos– las arquitecturas reales, posibles, construidas, para así poder realizar el ejercicio de comprobación con ejemplos de la disciplina.

Por ello parece que existe un vacío que es necesario completar. Es en ese marco en el que se desarrolla este trabajo, con la motivación de intentar plantear un modelo que honesta y humildemente intente mezclar todas aquellas ramas del conocimiento que aparecen aún inconexas y que pueda, al menos, establecer un nuevo marco de diálogo y reflexión a partir del cual abrir nuevos campos de acción.

Relacionados con los campos de la Tecnología, Naturaleza y Sociedad, se desarrollan una serie de marcos de estudio relacionados con ellos. Estos serán nueve, a modo de matriz conceptual, en grupos temáticos de tres, relativos a los anteriores, interrelacionados transversal y escalarmente, intentando cubrir a partir de ellos todo los ámbitos posibles de la práctica arquitectónica.

Recorriendo diferentes niveles de complejidad, desde la persona al grupo en cuanto que sociedad que encarna un nuevo esquema de valores, del objeto técnico al ámbito construido gracias a él, llegando a los procesos de generación y materialización de la arquitectura que definen una nueva naturaleza, a través del entendimiento de un mundo lábil donde la cibercultura ha llegado para crear un nuevo "statu quo".

CONSTRUIR UNA IDENTIDAD

Persona
(Del hombre moderno a la persona ampliada)

El hombre tipo de la modernidad y el nómada existencial han quedado obsoletos, ya no son pertinentes. Se necesita una reformulación de la persona para llegar a entender la persona compleja implementada tecnológicamente de la cibercultura hoy. Una entidad múltiple, complejo y compuesto de más realidades que la de su propia fisicidad orgánica.

Objetos
(Del mobiliario técnico al dispositivo digital)

En el mundo actual esos objetos se hacen más pequeños, hasta invisibles y nos "hablan", forman parte integrante del espacio. Estos objetos son tanto los nuevos muebles, como los nuevos dispositivos de computación móvil (ordenadores de bolsillo, tablets, ipads, teléfonos móviles, etc...), dispositivos portables (wearables) (relojes, gafas inteligentes, la misma ropa, implantes en el propio cuerpo, etc.), o incluso el papel que reviste las paredes. Aparece una nueva ontología del objeto y también del sujeto derivado de él.

Vivienda
(De la máquina de habitar a la red proactiva)

El ser humano buscó refugio en una cueva y merced al dominio de la técnica, la cueva devino cabaña y casa. Gracias a la aplicación de las nuevas tecnologías, ofrece hoy una capacidad de extensión casi infinita, integrando la exterioridad en ella. Esta implementación hace estallar fronteras, límites y concepciones clásicas del espacio de la vivienda, del edificio y por extensión, la ciudad, vistas todas ellas ahora desde el espacio de relaciones sociales de la red.

EL MEDIO DE LOS MEDIA

Espacio-Tiempo
(De la cuarta dimensión al espacio multicrónico)

De un espacio como "lugar" físico y mental se ha pasado a entender
el espacio como entorno virtual dinámico, cargado de información,
relacional, interactivo, que responde a las necesidades y gustos del
usuario modificable por él de manera proactiva. También el concepto
tiempo ha variado. Se habla de inmediatez, instantaneidad y los diferentes tiempos de sus actores.

Lugar-Entorno
(Del lugar al entorno utópico)

Se pasará a analizar cómo la implementación de la teoría de la Computación Ubicua (hoy Inteligencia Ambiental), genera un nuevo
medio en el que la persona habita, ya sea el entorno natural, o también la vivienda, permitiendo entender a través de él una nueva visión
del espacio como entorno inmersivo, ampliando sus límites físicos
y mentales, desapareciendo las categorías dentro-fuera o privado-
público. El concepto de lugar es sustituido hoy por el de entorno.

Materia-Información
(Del espacio mudo al espacio como "media")

La vivienda está cada vez más cerca de transformase en inteligente,
las nuevas tecnologías redefinen ésta como un pequeño terminal de
una red global de información, definiendo un nuevo modo de habitar
en y desde ella. El espacio habitado está mediado, inundado de información, y ésta, define por sí misma una nueva manera de entenderlo
y relacionarse con él, porque el espacio habitacional, ahora más que
nunca, es un espacio de información.

RED EN CÓDIGO ABIERTO

Usuario
(Del consumidor al coproductor del espacio)

El habitante de la arquitectura ha cambiado de estado. Si antes habitaba la máquina y ésta funcionaba según unos parámetros ideales definidos para él por otros, hoy el usuario es el protagonista junto con otros, de la producción de esa máquina. Tanto de su espacio como de su materialidad, mediante el trabajo en código abierto participando de la experiencia y conocimiento compartidos por múltiples actores.

Flexibilidad
(Del cambio físico a la potencia de uso)

La tan anhelada flexibilidad que es uno de las palabras fetiche en la historia reciente de la arquitectura se definía en la modernidad casi exclusivamente por la posibilidad de variación física del objeto construido a lo largo del tiempo. Hoy ese concepto ha adquirido una nueva dimensión, las nuevas tecnologías permiten entender la flexibilidad bajo una perspectiva más amplia, integrando persona y dispositivos, aceptando la posibilidad de mutación formal, pero priorizando la potencialidad del espacio según la acción humana.

Materialización
(Del proyecto predefinido a la cultura del mix)

Los agentes del proceso constructivo han cambiado en beneficio de una mayor "democracia" en el proceso arquitectónico, desde el diseño hasta la materialización. Las reglas del juego son nuevas y aparece un nuevo modelo productivo que emana de esta relación transversal tras la aparición del paradigma digital. Individuos conectados, coproductores de una realidad diferente, alternativa al mercado económico impuesto.

De cada uno de ellos se irán extrayendo una serie de ideas-fuerza
y de cada terna de conceptos se propondrán unos "memes" que
centrarán el relato. Guiarán el discurso hacia el objetivo final que es
caracterizar el espacio contemporáneo gracias a la implementación
de las TIC en él.

Siempre con una mirada propositiva y social, ante todo. Se propondrán también líneas de trabajo posibles y mejoras que la integración
de las TIC en el ámbito de la arquitectura ofrece sobre la situación
actual, tanto del propio marco teórico de la misma, como del marco
económico-productivo-legal en el que se desarrolla, en un intento de
abarcar todo el proceso generador de la arquitectura, en todas las
escalas posibles.

Este trabajo pretende ilustrar cómo las nuevas tecnologías digitales
ofrecen un nuevo entorno de trabajo derivado de la aplicación del concepto de Inteligencia Ambiental en la disciplina, y cómo ella supone
una manera nueva de entender el propio espacio habitado por la persona y la colectividad. Esta es la intención que guía la investigación,
para concretarla en un modelo de espacio arquitectónico actualizado,
denominado ESPACIO UBICUO, que refleje la esencia del habitar hoy.

"Vale, juego.
Aquí se está cociendo algo del futuro y eso a mí me mola".

(WILL SMITH, en *Men in black*, Barry Sonnenfeld, dir., EEUU, 1997,
Sony Pictures, DVD)

ENTORNOS DE ANÁLISIS

*"Olvidada la pretendida racionalidad
que función y tecnología
parecían otorgar al Movimiento Moderno
y la obligación moral que asumía
en la transformación de la sociedad,
la arquitectura actual hace esfuerzos
por volver a encontrar su camino"*

R. Moneo, 1978, p. 4

UN NUEVO ÁMBITO DEL YO

"Lo importante es tener en cuenta que el sistema TIC no es un simple conjunto de artefactos tecnológicos, sino que llega a la médula de la identidad humana, al transformar radicalmente nuestro sistema percep-tivo y sensorial. Los cuerpos de carne y hueso no han desaparecido. Sin embargo, se les está superponiendo un tecnocuerpo que evoluciona al ritmo del cambio tecnológico" (J. ECHEVERRÍA, 2004, p. 6)

LA CONSTRUCCIÓN DE UNA NUEVA IDENTIDAD es la tarea fundamental para entender la ontología del ser humano en esta época de cambio. Cómo es el sujeto humano hoy, cómo se configura esa persona "digital", ése constructo humano-tecnológico que será el que define el modo de relacionarse con el mundo que le rodea. Se parte de una hipótesis de trabajo: La persona, como objeto de estudio, se conceptualiza como un nuevo sistema de relaciones entre su propia corporeidad, los obje-tos técnicos, la información que la rodean y el espacio construido (la casa, edificio, barrio) que crea y/o habita para estar en el mundo.

Es necesario entender la persona construida a partir de una nueva organicidad, con más niveles de complejidad, y de su capacidad de transformar el entorno natural y adaptarlo a sí misma, utilizando téc-nicas previas y actuales para habitar el espacio.

Se estudiará cómo son estos tres niveles de complejidad humana hoy de manera que se llegue a "modelizar", o mejor, interpretar, la esencia del ser humano contemporáneo, como mezcla o hibridación de los componentes físicos, técnicos, afectivos y constructivos de su reali-dad. Por un lado la persona como cuerpo físico, como una nueva enti-dad biológica, transformada, evolucionada, respecto de la idea de ser vivo independiente y en relación con otras mediante la técnica y la cul-tura. Por otro lado, su identidad basada en los objetos, las cosas que ella crea, las tecnologías cercanas que le sirven para modificar y cons-truir un mundo de relaciones sociales que hasta ahora no era posible.

Y por último, el espacio habitable que configura mediante ellas, el nuevo modelo de "casa" filtrado por estas tecnologías, ampliado al edificio que la alberga en relación con la de otros, como expresión de su ser, de su manera de estar en el mundo, de construirlo.

Para desarrollar este primer bloque de conceptos se antoja adecuado establecer un paralelismo con los niveles inferiores del espacio existencial propuestos por Ch. N. Shulz (1975), basados en su "extensión" o escala física, que ayudará a entender cómo las diferentes escalas se interrelacionan de manera integral.

En su propuesta, el primero es el nivel de la mano, el segundo sería el del mobiliario, determinado por las dimensiones del cuerpo, y el tercero sería el nivel de la casa (en el que también se incluye el nivel edificio), en el que integrarían tanto las dimensiones relacionadas con el movimiento corporal como de las demandas "territoriales".

Estos tres niveles van a ser asemejados en este trabajo a tres conceptos que bien podrían caracterizar cada uno de ellos: la persona, los objetos (las cosas) y las casas (la vivienda-edificio).

Estas son las dimensiones más cercanas, los niveles más cercanos al cuerpo humano, y que serían los que se relacionan de una manera más directa con la pretensión de entender en esta investigación cómo caracteriza el espacio habitable, sin olvidar en ningún momento esos otros niveles –urbano, paisaje, geográfico– que también van a ser modificados por la acción de los tres primeros sobre ellos y viceversa.

En base a ellos se va a estudiar a la persona, asumiendo que esta mirada existencial sigue siendo vigente hoy en día, pero ahora "aumentada" por una serie de posibilidades que las nuevas tecnologías plantean y que permiten dar una nueva visión más compleja y real del ser humano que, con sus actos, finalmente configurará el espacio.

Persona
(Del sujeto existencial a la persona ampliada)

"Cuando se habla de hombre y espacio, oímos esto como si el hombre estuviera en un lado y el espacio en otro. Pero el espacio no es un enfrente del hombre, no es ni un objeto exterior ni una vivencia interior. No hay los hombres y además espacio; porque cuando digo «un hombre» y pienso con esta palabra en aquel que es al modo humano, es decir, que habita" (M. HEIDEGGER, 1994, p. 8)

Desde la mirada existencialista, ser humano y espacio son una unidad si se piensan ambas como necesarias para entender la manera de estar en el mundo. No hay espacio sin el hombre. El hombre habita el espacio porque él en sí mismo, ya es espacio. Ello llevó a entender el mundo como un conjunto de experiencias personales construidas a partir de la suma de las diferentes subjetividades: *"Heidegger liga la esencia de la espacialidad a la experiencia del sujeto que está en el mundo. El espacio del habitar no es un espacio geométrico sino existencial, resultado de la percepción fenomenológica de los lugares y una construcción a partir de esa experiencia"* (I. SOLÁ MORALES, 2003, p. 50)

De ese modo se produce un espacio, con el que se establece una relación interdependiente de la que no se puede abstraer ninguno de los factores del hecho de habitar: *"Para Heidegger el espacio, en cuanto forma subjetiva de intuición, es algo que 'viene referido al cuerpo físico'. Pero es cuerpo humano (...) capaz de construir pensando el espacio, no es un mero objeto, ya que su carnalidad no ocupa simplemente un lugar en el espacio, sino que está en relación con los otros objetos y espacios, es 'un ser en el mundo'. De manera que el hombre es un ser que está 'comprometido' con el espacio"* (J. MADERUELO, 2008, p. 14)

Dicho "compromiso" es en principio particular, en el sentido filosófico del individuo frente al mundo, en su manera de concebir la construcción de un mundo a través de la habitación de sus espacios. Un primer modelo de sujeto –como modelo o tipo – para explicar la esencia del hombre.

H. Arendt, discípula suya, realizará algunas matizaciones importantes para este trabajo, con su teoría se ser-con-otros, de modo plural, no centrado en un solo individuo. Sin embargo, no se trata sólo del sujeto y el grupo humano, sino de la comunidad en un entorno social, cultural, técnico, ante el que debe reaccionar, añadiendo un grado de complejidad mayor: *"... el espacio existencial no puede ser comprendido por causa de las solas necesidades del hombre, sino únicamente como resultado de su interacción o influencia recíproca con un ambiente que lo rodea, que ha de comprender y aceptar. De esta manera, regresamos al doble concepto de Piaget, de la asimilación y la acomodación."* (CH. N-SHULZ, 1975, p. 30)

Ese ambiente sería el entorno natural como el conjunto de la sociedad. Esa relación recíproca, bidireccional, fue ilustrada por Ortega y Gasset, cuando opuso su idea acerca de que el hombre no se adapta a la naturaleza, sino que la modifica para su bienestar. Pero en la concepción del ser humano ha habido también otros muchos modelos que explicaban la forma de habitar el mundo en cada momento.

Una serie de sujetos tipo que ilustran la evolución del ser humano en las últimas décadas *"la eterna tarea de la arquitectura es crear metáforas existenciales encarnadas y vividas que concretan y estructuran nuestro ser-en-el-mundo. La arquitectura refleja, materializa y hace eternas ideas e imágenes de la vida ideal"* (J. PALLASMAA, 2006, p. 66).

Ese recorrido se va a ilustrar aquí mediante aquellos modelos contemporáneos que permiten entender la evolución del sujeto natural hacia el sujeto mediado, atravesado por las tecnologías de información.

"Esta es una teoría posible, una trayectoria histórica: del flâneur al internauta, desde el siglo XIX, del explorador norteamericano al explorador del espacio virtual navegable. También es posible construir una trayectoria diferente que conducen desde el flaneurie parisino a los espacios informáticos navegables" (L. MANOVICH, 1998, p. 10)

Si fue Ch. Baudelaire (1863), quien propuso como modelo de sujeto al "flanêur", que se mueve a través de la multitud y del espacio de la ciudad de manera anónima, recreándose en las situaciones personales que se va encontrando y proponiendo, deambulando en busca de situaciones, lúdicamente, dinamizando el espacio como un juego, una visión alternativa la propone hoy K. K. Duk. Su personaje okupa-nómada de la película *Hierro 3*. Este repartidor de propaganda habita puntualmente las casas de los demás, ocupándolas cuando no están, cuidándolas y dejándolas tal y como estaban el día de su acceso a ellas. Una especie de flanêur contemporáneo de las viviendas de otros.

Como ejemplo de nómada la expresión más clarificadora fue el modelo de Toyo Ito (chica nómada de Tokyo). Una persona (mujer, siendo el primer cambio de género en la historia del modelo de "ser humano") que sólo necesita para residir de una especie de tienda de campaña portátil donde tiene unos pocos objetos para asistirle en su vida diaria. El resto de necesidades se lo cubre la ciudad. Estar, comedor, baño... Le sobran a su "casa". Pero esta chica, que deriva por los recovecos del consumo y de la ciudad, necesita hoy una mirada ampliada al estar ya habitando también un espacio virtual, internet: *"En el caso del flâneur se mueve a través de la ciudad física. Esta transformación, por supuesto, sólo ocurre en la percepción flâneur, pero en el caso de la navegación a través de un espacio virtual, el espacio puede cambiar literalmente, convirtiéndose en un espejo de la subjetividad del usuario"* (L. Manovich, 1998, p. 9)

Ésa es la ciudad simulada de T. Ito, virtual, de flujos de información, a través de la cual un nuevo modelo de sujeto está empezando a aparecer: *"El nómada digital es el habitante de esos 'espacios de flujos', que es como Castells ha descrito a la sociedad 'informacional'. La idea de flujo, de vida móvil, frente a lo estático es esencial al nómada. Éste, como sujeto móvil (...) tiene una concepción de la existencia que Negroponte resumió como el 'ser digital', y más en general, que Heidegger criticó como que el ser es información, es decir, intercambio de noticias. A su pesar, o quizá no, han rescatado su 'ser-en-el-mundo', por la nueva fórmula 'ser-en-la-red'."* (J. L. Molinuevo, 2006, p. 100).

Este ser-en-la-red será el objeto de esta investigación. Antes de llegar a una primera caracterización hoy, hubo otras miradas que fueron añadiendo grados de complejidad al ser humano. El siguiente paso, iniciado ya por los miembros de Archigram (Cushicle, Suitsaloon...), sería el de la implantación de tecnologías directamente sobre el cuerpo.

Un modelo a analizar, por cercano en el tiempo y habitual en la cultura de la era digital, será pues el del cyborg (abreviatura de "cybernetic organism"), a priori consecuencia lógica de esta evolución humana. Propuesto por Clynes y Kline (1960) y posteriormente desarrollado por la pensadora feminista Donna Haraway (1985) sirve para iniciar el discurso sobre la realidad del ser humano hoy.

Cada vez más la persona es parte de una red de información que le es transmitida por los terminales y dispositivos informáticos que posee. La biotecnología abre a su vez otros caminos. Las prótesis están cada vez más cerca, y el hombre "implantado" es una realidad hoy habitual. Todo el mundo, en cierta medida, lo es ya hoy, y no es posible entender el sujeto contemporáneo sin dispositivos digitales formando parte de él de su ser y de su forma de estar en el mundo, como sujeto "actualizable": *Frente a la división esencial del cuerpo (Fabler), se propone la idea de cuerpo en proceso de formación, una teoría que ya está presente en las formulaciones de la cibernética de N. Wiener, así como en la teoría de J. Piaget"* (C. GIANETTI, 2008, p. 1)

Estos implantes pueden ser de muchos tipos, ya que van desde la capa de revestimiento exterior, léase la ropa, pasando por los dispositivos externos de tecnología, como penetrando al interior del propio cuerpo, como serían los implantes biológicos, médicos o no. Neil Harbisson,[1] por ejemplo, es hoy el primer cyborg reconocido oficialmente. Pero no se debe caer en la fascinación por el objeto, por la propia técnica, sin llegar más allá, a lo que ello supone como redefinición de una manera de ser, de sentirse humano en compañía de las nuevas tecnologías.

Pero, ni el cyborg ni el "Data Dandy" de G. Lovink (1994), son modelos donde acabar la búsqueda. Lo que mueve este trabajo es el modo de habitar el espacio físico a través de la superposición de lo real y lo virtual. Se debe entender al sujeto desde una nueva mirada, ampliadas sus capacidades de interacción y conexión gracias a los terminales de los que dispone: *"Hoy en día, sin embargo, nos estamos*

---

[1] La antena cyborg implantada en su cerebro le permite "escuchar" los colores que por enfermedad no puede distinguir, además de conectarse a la red y recibir mensajes.

moviendo gradualmente en el siguiente paradigma, uno en el que las capacidades informáticas y de telecomunicaciones se entregan a un usuario móvil. Por lo tanto, aumentar el ser humano también viene a significar aumentar todo el espacio en el que vive, o través de la cual pasa." (L. MANOVICH, 1998, p. 6).

Esa persona ampliada podría asimilarse a la idea de "telecuerpo" de J. Echeverría (1999). Esa persona que vive en los 3 entornos a la vez y está inmerso en las relaciones sociales en cada uno de esos niveles. Sin olvidar que la red no es un espacio habitable, no se vive en ella. La persona habita espacios físicos y le afectan tanto la naturaleza como su tecnología a la hora de experimentarlos. Es el ser humano el que adapta la naturaleza a él mediante la técnica (Ortega)[2] y no al contrario.

Adapta ésta a sus necesidades mediante la técnica. Para ilustrar ese modelo que integra la realidad y la virtualidad, el cuerpo físico y el cuerpo digital, como sistema dual de relación con el entorno, para modificarlo y adaptarlo a sus necesidades, habitarlo, plantea este nuevo sujeto, el "telecuerpo", como un cuerpo *"que ha superado los procesos básicos de adaptación a E1 y E2 y que, además, dispone de una serie de prótesis tecnocientíficas que le permiten intervenir eficiente-mente en el tercer entorno"* (J. ECHEVERRÍA, 1999, p. 324). Así se debe entender al sujeto humano implementado por tecnologías hoy. El tele-cuerpo, como el cuerpo, forman parte de un constructo socio-cultural común, y que ya no puede tener voluntad propia, sino que se media-tiza por las personas y organizaciones que le han dado esa capa adi-cional de información que les ha sido aportada, programada.

Este ser no es una construcción ajena a los demás, es parte de la construcción que entre diferentes actores, medios y tecnología, han protagonizado: *"la frase 'mi cerebro me pertenece' resultaría tanto inadecuada de por sí como moralmente inaceptable. (...) Los cerebros son medios para lo que otros cerebros hacen y han hecho (...) la inteli-gencia no es un sujeto, sino un medio ambiente o un sistema de reso-nancias"* (P. SLOTERDIJK, 2010, p. 152).

---

[2] Ver "Breve excursus sobre Ortega y la sobrenaturaleza", en *Los señores del aire. Telépolis y el tercer entorno*, Ensayo, 1999, pp. 35-40.

Aparece la idea de persona mezcla de cuerpo físico y telecuerpo, que empieza a definir una nueva visión del mismo. Una entidad interdependiente y compleja que aúna lo orgánico y lo técnico en un nuevo estatus. Se debe subrayar su capacidad de "autoaprendizaje" a través del telecuerpo, y de su eficiencia en el nuevo medio en el que se desarrolla la vida humana, que supone una "inteligencia común" de horizontes casi inabarcables. Tan vastos como páginas en la red, producen la situación de haber llegado a modificar sus pautas de adquisición de conocimiento, derivadas del modo que tiene de acceder al mismo. El medio sigue siendo el mensaje. (McLUHAN, 2009).

Porque la persona, en el actual espacio de información, *"buena parte de su memoria es exenta y está almacenada en una serie de artefactos tecnológicos (...) cuya buena conexión y organización es el equivalente a gozar de buena memoria por parte de los cuerpos de E1 y E2"* (J. ECHEVERRÍA, 1999, p. 326).

Esta inasibilidad del conocimiento unida al carácter inmediato de esta sociedad, hace que aparezcan nuevas maneras de aprendizaje y modelado del cerebro humano. Esto ha llevado a una nueva formulación del saber y a nuevas teorías de enseñanza. Se ha demostrado cómo el cerebro humano se moldea (neuroplasticidad) según el tipo de conocimiento que adquiere: *"Incluso el saber y el modo de captación del mismo ya no es el mismo hoy. Ya no necesitamos memorizar cantidades ingentes de datos, habiendo sido suplantado este esfuerzo por la capacidad de acceso a la información en tiempo real, en tiempo cero. Sólo tenemos que saber dónde buscar"* (N. CARR, 2011, p. 21)

La idea de un cuerpo humano implementado por tecnologías hace de él una entidad más compleja, no sólo física. Se puede así hablar indistintamente, ya que no es una entidad sólo corporal, sino representacional, de tele-cuerpo o tele-mente, pues en el E3 esa distinción no es relevante. La diferencia conceptual entre los modelos anteriores analizados de ser humano y los que ahora hay que empezar a plantear es que no se rigen por parámetros existencial-humanistas:

"El telecuerpo, en efecto, no es un Dasein, no está ahí, y en ello radica la diferencia más significativa. Un telecuerpo está situado aquí y ahí, diseminado, porque su funcionamiento como tal telecuerpo se basa en

una pluralidad de representaciones esparcidas por aquí y por allá" (J. ECHEVERRÍA, 1999, p. 356).

Un sujeto multicapa y con una identidad múltiple está apareciendo. No como uno en un lugar del espacio. Ahora se necesita asumir esta explosión virtual en la red desde la fisicidad ampliada por la tecnología. Aquí y allí, cerca y lejos. Si los cuerpos orgánicos estaban habituados a existir en los dos primeros entornos, en el tercero las acciones humanas se desarrollan y tienen consecuencias inmediatas también en la distancia. Y más cuando un mismo sujeto puede desarrollar al mismo tiempo, en varios espacios, diferentes identidades digitales. En eso se fundamenta su ubicuidad, en la capacidad de crear múltiples acciones dispersas en la red.

Dicha pluralidad termina de reforzar, de algún modo, la idea principal que extraer para este trabajo: *"En tanto entidad mente-corporal, su modo de existencia es muy singular, porque es ubicua, o si se quiere, reticular"* (J. ECHEVERRÍA, 1999, p. 326). Se superponen, de nuevo, los conceptos de cuerpo real y cuerpo virtual, a partir de la cual T. Ito inició su discurso. El nuevo cuerpo-mente humano, pues, es ubicuo en tanto que gracias a las nuevas tecnologías hacen que se comporte como tal en el espacio real y en el virtual.

IDEA 1: La persona actualiza el espacio

"Cualquier ser humano construye el espacio donde el sujeto puede tener acceso a diversa información de forma inalámbrica a su teléfono celular, PDA o laptop." (L. MANOVICH, 2002, p. 1).

Fundamental es esta idea: Es la persona "aumentada"[3] la que genera espacio, lo define y actualiza, personalizándolo. La persona está hoy física y mentalmente extendida por la tecnología que permite superar las barreras de espacio y tiempo, tal como hasta hoy se conocían. Es otro factor que se debe tener en cuenta, para ser implementado.

Como entidad múltiple definidora de espacio, tanto del propio arquitectónico como del de los otros, se debe entender que este nuevo sujeto contemporáneo necesita de más grados de complejidad que el de su individualidad por muy completa que parezca, al tratarse de una entidad atravesada ya por la tecnología. Es así pues, finalmente, que sus acciones filtradas por un conocimiento común, construirán espacio, dándole a éste una nueva dimensión del habitar.

La capacidad de acción, interconexión e interacción con sus semejantes es hoy mayor que nunca. Y no sólo por su propio cuerpo y sus implantes tecnológicos, sino por otra serie de elementos físicos y virtuales que la van a completar y que a continuación se va a seguir desarrollando, en progresión escalar.

---

[3] Se utiliza aquí la palabra "aumentada" en referencia a la idea de "espacio aumentado" propuesto por L. Manovich (2002), y que ilustraría bien esta nueva situación.

Objetos
(Del mobiliario técnico al dispositivo digital)

"Los límites espaciales de la vivienda actual y sus compartimentaciones han ido perdiendo papel en relación con los muebles, aparatos, equipamientos, servicios y objetos, convirtiéndose los interiores e espacios más flexibles, filtrables y acomodables a cada forma de vida." (J. M. Montaner, 1994a, p. 2)

El segundo nivel del espacio existencial (Ch. N-Shulz, 1975) era el de los objetos, las cosas, o también incluso el mobiliario, relacionado con las dimensiones del cuerpo humano, y con los movimientos del mismo.

Son elementos intermedios entre éste y el espacio construido donde se ubican, la casa y/o edificio. Cierto es que los objetos se refieren por su tamaño más al cuerpo, mientras que el mobiliario se refiere al espacio en el que se colocan. Pero tanto unos como otros representan ese entorno cercano y afectivo, de significación sobre el que las personas construyen su identidad. Estos objetos como mobiliario suelen estar relacionados con funciones y configurados en formas precisas conocidas por el hombre. Chimenea, cama, mesa, armario, son el mobiliario que define espacio o representa una función relativa al habitar humano.

Sin embargo hoy en día han ido apareciendo otros objetos que, a escala progresivamente más pequeña, han ido ganando protagonismo y cada vez más forman parte ineludible de la manera de entender el espacio, de generar un significado y de, además, relacionarse desde ellos con el mundo exterior. Son tanto los objetos digitales, bajo el signo de las TIC que poco a poco se extienden en todos los apartados de la vida, relacionando el mundo interior con el exterior, como incluso la ropa, que cada vez más va a estar implementada de sensores digitales.

Se hace pertinente recordar ahora un momento clave en la manera de entender la relación entre objeto y espacio, previa a la aparición de estas tecnologías digitales, como un paso introductor a esta situación.

Ese cambio se produjo con las inversiones conceptuales que sufrió
el espacio residencial moderno desde la idea de máquina de habitar
hasta aparecer el concepto de espacio de muebles: *"Estas inversiones
son la liberación de los elementos entre sí, en un proceso de conversión
de lo inmueble en mueble, traspaso de las atribuciones ambientales que
el desarrollo técnico había conferido al techo técnico hacia el suelo y,
más recientemente, a los artefactos, máquinas o muebles que adquieren así el estatuto de autonomía respecto de lo construido; por último,
la posibilidad de construir lugares artificiales autónomos respecto la
definición de sus límites con el exterior, con la consiguiente pérdida de
dependencia entre interior y medio natural."* (J. HERREROS, 2010, p. 1)

Esta proposición supone un cambio radical a la hora de entender la
manera de definir espacio desde los objetos que proveen parte de sus
funcionalidades, capacidades, cualidades estructurales y técnicas:
*"Estas tres inversiones se unifican en una idea de espacio no caracteri-
zado por su destino funcional que vendría resuelto ya no por lo inmueble
sino por lo mueble, lo cual implica la disolución de la clasificación tipo-
lógica como categoría operativa y adecuada a nuestro contexto tecnológico, especialmente si nos referimos al espacio como 'interior' desde el
momento en que tal circunstancia es pertinente al surgir como acontecimiento independiente topológicamente respecto al contenedor – y por lo
tanto respecto al exterior"* (J. HERREROS, 2010, p. 1)

Esta ha sido una línea de trabajo muy fecunda para muchos arquitectos, que han investigado en otorgar la condición configuradora
del espacio a muebles técnicos, base de una nueva manera de hacer
arquitectura. Propuestas como la Furniture House de S. Ban, las
viviendas para temporeros en Níjar y Cartaya, de J. Terrados, o el
sistema ABC de ACTAR, las viviendas de Aranguren y Gallegos para
Bentaberri o el concurso para la Diagonal de Barcelona de I. Ábalos
y J. Herreros, sirvieron para caracterizar una época de la arquitectura
en la que el mueble técnico o la "parette attrezzate" definían el pano-
rama disciplinar.

No hay que olvidar que estas propuestas, conceptualmente, se sitúan
o engloban en un mundo mecánico, relativo al segundo entorno (E2)
si se acepta la clasificación de J. Echeverría. (1999), aplicando unas
mejoras extraídas del ámbito terciario sobre el ámbito residencial.

Plantea acometer la tarea proponiendo éste como un sistema arquitectónico, que permita definir de manera tanto constructiva, como
estructural y espacial, pero también desde los puntos de vista de la
adecuación y el carácter, la materialización del espacio habitado.

*"Lo que se pretende con la idea de sistema es entender cómo operar
en el proyecto del espacio mueble; como el sistema no es un concepto
funcional; como a través de esta figura puede articularse una idea espacial y proyectual diferente de la moderna en la que el espacio fuese activo a través de sus elementos, sean o no solidarios con lo construido"*
(J. HERREROS, 2010, p. 2).

Se debe apuntar aquí la idea de dicho medio interior, espacio "dentro" de un contenedor cuya forma externa pierde interés. Ni el conti-
nente ni su forma exterior importan. Incide más en la "forma" interior
que crean estos elementos y las acciones de los usuarios sobre ellas.
Quizá sea C. Davies (2008), quien mejor explica esta situación. Para
él, la casa es una forma, una forma reconocible, una idea que toda
persona tiene en su mente y que es común, irrenunciable. Son los
objetos los que ahora crean funciones, y éstas adquieren un carácter
personal y subjetivo alejado de los ideales modernos. Ello hace pensar que existe un nuevo modelo de ser humano relacionado directamente con los objetos, las cosas, sus pertenencias, y que puede deri-
varse de esta nueva situación. Sería así hoy la "casa de los objetos",
el espacio creado por sus objetos personales el que da carácter al
espacio habitable.

Si bien en base a esta idea, la recurrente referencia a la chica tokiota de T. Ito volvería a ser adecuada, parece que hoy se abre más el
campo de investigación si se acepta cómo, además de dichos objetos,
van apareciendo diversas micro tecnologías, que incluso, pasan a ser
portadas encima directamente del cuerpo si no implementadas en él.

Así, en este momento, el objeto de estudio, el objeto, desaparece
cada vez más, como M. Weiser planteaba. Parece necesario avanzar
un paso más allá respecto de las cualidades físico-funcionales-
afectivas de estos objetos mediante los que J. Herreros ilustraba el
cambio del espacio residencial de final de siglo: *"El objeto así entendido unifica en entidades espaciales mínimas lo maquínico, lo mueble*

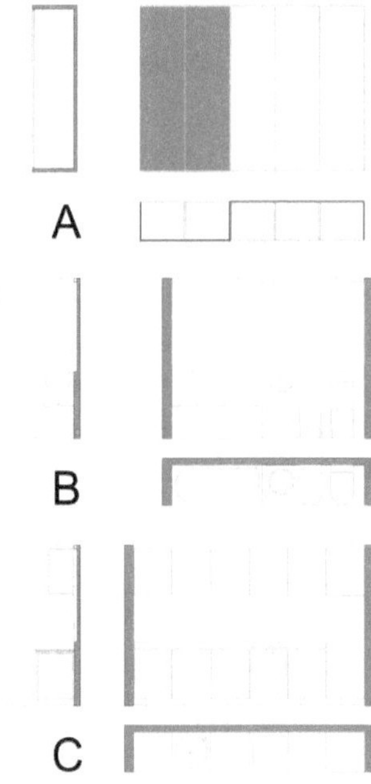

Sistema ABC (ACTAR, 1996)

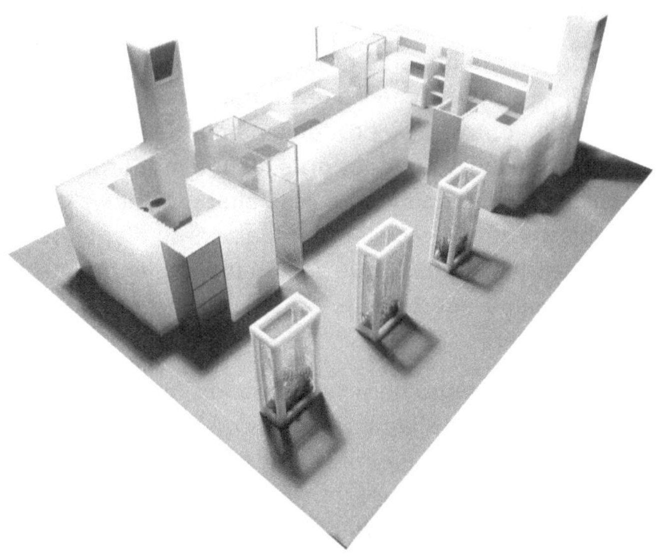

Viviendas ARKIT (Javier Terrados, 2003-2006)

y lo decorativo, de manera que a través suyo podemos establecer la correspondencia biunívoca que asocia espacio doméstico a 'sistema de objetos'." (J. HERREROS, 2010, p. 4).

Porque este modelo merece asumir una actualización hoy por la realidad de la aplicación de las TIC. En él la necesidad de una arquitectura para definir este sistema era obligatoria. Hoy parece no ser el referente principal. Los objetos de la chica nómada resultan aparatosos, difíciles de mover. Los objetos mueble del modelo espacial propuesto por J. Herreros también. Sin embargo, los terminales del telecuerpo del E3 son mucho más portables, y se han expandido ubicuamente en todos los apartados de la vida, formando parte de un nuevo modelo habitacional.

Se abre así una serie de preguntas acerca del usuario como portador de tecnologías y este sistema casi invisible de objetos con los cuales cada persona particular define y caracteriza sus espacios de manera subjetiva. En ese sentido, el trabajo de M. Weiser resulta de revisita obligada para el entendimiento de lo que sería un espacio "informado" mediante dispositivos (cosas u objetos) que prácticamente desaparecerían ante sus ojos pero que serían definidores espaciales y significantes de todas y cada una de sus vidas privadas.

La pregunta sería sobre qué nos pueden aportar las TIC para dar un paso más allá a aquél momento de cambio en el que la definición espacial de un entorno se producía mediante la disposición de muebles físicos que aún eran deudores de una modernidad técnica producida en serie y diseñada por especialistas desde el tablero de dibujo. Los objetos que M. Weiser planteaba eran dispositivos como Tabs, Pads y Boards, I-Pads, y que se han ido haciendo más pequeños hasta casi desaparecer, invisibles al usuario, pero ligados a una nueva manera de vivir.

No hace falta buscar mucho para ver cómo los "gadgets" más variados influyen en la vida cotidiana: Pulseras de monitorización para runners, marcan la distancia recorrida, los pasos dados, las pulsaciones y calorías gastadas, muestran velocidades medias y avisan si se ha rebasado el umbral de esfuerzo aconsejable. La vida se monitoriza, testea y mide, tanto para mejorarla como para hacer al usuario más efectivo y productivo (léase también consumidor). Y se envuelve estos objetos digitales con el añadido de la interconectividad para volcar los datos en la nube de la información a la que rendir pleitesía.

Estos objetos ayudan a definir nuevas identidades, forma parte de la autorrealización como personas, y además hacen más "capaces" al portador que antes, adquiriendo unas potencialidades hasta ahora desconocidas. El acceso a la información es casi total y los servicios que ofrecen hacen la vida más fácil. No se reducen a aplicaciones comerciales o de ocio. Lo más importante será entender que suponen ya hoy un medio de una potencia descomunal para transformar la realidad. Tanto la realidad física de los espacios que nos rodean, como la concepción de la forma de estar en el mundo. Pero más importante que el cambio físico del espacio debido al mobiliario, aparece ahora una nueva visión que es en la que interesa profundizar. La aparición de terminales digitales en los hogares, con sus inmensas posibilidades: *"Pero el último tercio del siglo XX está produciendo una auténtica revolución doméstica. Las casas se están dotando de otro tipo de infraestructura tecnológica, fundamentalmente electrónica, que permite conectar cada domicilio con lugares muy distantes del planeta (...) Estos artefactos electrónicos serán considerados aquí como las nuevas estancias de las telecasas. Por medio de ellos podemos acceder, aunque sólo sea pasivamente, a los espacios sociales tradicionalmente más relevantes."* (J. ECHEVERRÍA, 1995, p. 61).

El cambio conceptual que se plantea es importante: El teléfono móvil es una nueva estancia de la casa de la era digital. Un objeto, menos que un mueble, permite expandir el espacio interior en el exterior y romper los límites entre público y lo privado, una nueva relación interior-exterior.

Bajo esta perspectiva, el móvil es hoy un espacio más de la casa que se porta encima. El cambio es tremendo. En ese sentido, aparecería un nuevo objeto que permite dotar a los espacios de ubicuidad situacional: *"La ubicuidad de las telecasas (...) adquiere aquí una justificación concreta. El mueble informático que (...) ustedes o yo podemos tener (...) puede ser también el juguete preferido de cualquier otro ciudadano o institución que nos permita usarlo."* (J. ECHEVERRÍA, 1995, p. 120).

El componente inmersivo del interior de la vivienda es algo ya iniciado. La realidad es que en ahora, cada componente, cada mueble u
objeto de la vivienda está atravesado por una tecnología que lo enla-
za con otros a distancia. Mediante un proceso de miniaturización,
el campo de estudio llega a los objetos. La Internet de las Cosas
(Internet of Things, IoT), plantea un entorno humano en el que los
pequeños objetos cotidianos, comparten datos y cooperan para proporcionar servicios más complejos que los que darían por separado,
haciéndolos más "inteligentes", como se investiga, por ejemplo, en el
proyecto HyperHabitat del IAAC.

Objetos como decoración, sanitarios, que avisan o recuerdan tareas,
se conectan entre sí y el mundo exterior, aprenden de la rutinas y
conocen horarios y preferencias, testean la frecuencia y calidad de
las deposiciones, realizando análisis y enviando datos al médico de
cabecera, suponen la antesala a esos objetos de la realidad sensible
a domicilio, la ubicuidad que P. Valéry (1960) anticipó.

En este sentido se trabaja en el Centro Municipal de Servicios Sociales de Patraix (Valencia), donde una plataforma interactiva edificio-
usuarios permite reservar y reconfigurar sus espacios automáticamente acorde a las actividades que vayan a realizar. Es un prototipo
realizado resultado del proyecto BaaS,[4] que persigue diseñar soluciones de interacción avanzadas tanto en la escala del hogar como la de
los mismos edificios.

Así, cada vez más, la casa se configura como es un conjunto de terminales que se relacionan entre sí y con el habitante permitiendo
ampliar las capacidades mediante este nuevo sistema doméstico, que
ahora es capaz de hacer presentes y partícipes del hecho habitacional tanto al usuario particular como a los que residen fuera de ella:
*"A las telecasas les subyace un escritorio que utiliza en la actualidad un
soporte electrónico y digitalizado. Dicho escritorio es ubicuo: puede ser
utilizado por quienes viven en las telecasas desde el estudio y desde el*

---

[4] El proyecto BaaS busca establecer una plataforma de servicio genérico para edificios
que integra los sistemas de automatización y gestión de construcción tradicional con
infraestructuras TIC. Las modificaciones al Centro Municipal de Servicios Sociales fue
llevada a cabo por el nodo español del proyecto (Prodevelop + Everis + UPV/PROS)

HyperHabitat (IaaC, 2008)

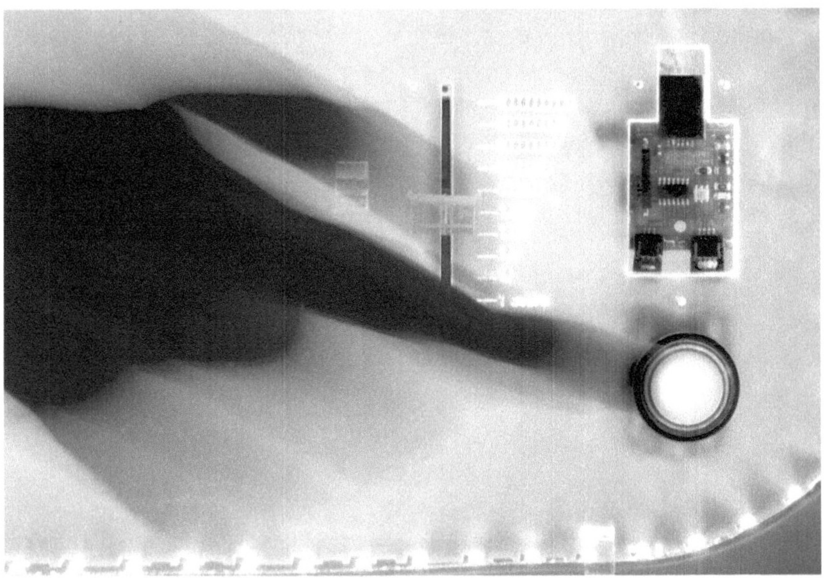

HyperHabitat (IaaC, 2008)

salón telemático, pero también puede ser activado desde el exterior"
(J. ECHEVERRÍA, 1995, p. 144)

Pero este mueble informático ya no tiene porqué ocupar un espacio. En este sentido, cabe reseñar la investigación acerca de nuevos materiales como son el grafeno o el nitruro de galio, aplicados a los edificios, ropa y cuerpo humano, desarrollada por T. Palacios desde el MIT. Plantea con ellos la idea de "electrónica ubicua", implementada en cualquier lugar, creando objetos con sensores incorporados. Esa electrónica ubicua se beneficia de las características de esos materiales, ya que permiten su práctica invisibilidad, ubicados en el espacio incluso como revestimiento: *"El papel electrónico que cubrirá las paredes de una habitación permitirá la transmisión de energía (...) El teléfono móvil va a desaparecer, va a estar integrado en nuestra ropa y cuando queramos hacer una llamada, la electrónica (...) introducida en la ropa lo identificará y conectará con el ordenador correspondiente."* (T. PALACIOS, 2014).

Tanto los objetos de un determinado espacio, como la ropa o los que se llevan encima crean espacios y estarán dotados de una "electrónica ubicua", propiciando una nueva forma de vivir.[5] *"La ropa electrónica no tendría la función de protegernos del frío, sino la de incrementar nuestro elenco de sensaciones táctiles, posibilitando algo que hoy en día parece utópico: tocarse a distancia"* (J. ECHEVERRÍA, 2004, p. 5). Ello supone un nivel superior que completa y ofrece nuevas dimensiones al habitar.

[5] Consultar la entrevista a Nuria Oliver (Directora científica de Telefónica y doctora en ciencias de la Computación por el MIT) publicada en el Suplemento semanal de *El País*, nº 2045.

IDEA 2: Los dispositivos dan forma el espacio

Se ha visto hasta ahora como hoy se puede entender a la persona y el objeto (en sus diferentes escalas) como un binomio indisoluble, para entender la creación de otros lugares para residir, que serán las nuevas "casas". Parecen así integrados aquellos dos primeros niveles de la clasificación de Ch. N-Shulz: Personas y objetos como nueva unidad en el modo de entender la espacialidad de los lugares creados por las TIC.

Y se ha visto como con estos objetos desaparece en gran parte el peso del contenedor residencial, de la vivienda o edificio construido como definidor de espacio hoy. Quizá la idea fundamental que de este apartado se pueda extraer sea que los objetos, sus dispositivos, son realmente quienes conforman el espacio de la persona, quienes definen, en un grado íntimo, el espacio privado, una arquitectura no tan ligada a la disciplina sino a su vivencia personal.

La forma, la función, interior y exterior, pensamientos clave en la arquitectura moderna parecen ahora menos relevantes dejando paso a una vivencia del espacio menos conceptual, más cercana a la persona, más subjetiva y relacionada con sus necesidades reales, movimientos y actividades, gracias a sus dispositivos tecnológicos, su ropa, incluso a la nanotecnología implantada en su cuerpo.

Pero siempre habrá casas. Un sitio donde residir, de un modo más o menos estable, al menos por un tiempo. Y esas casas, aún con todo un nuevo universo de tecnologías e implementaciones, seguirán ayudando a definir y realizar un proyecto vital. Quizá no se pueda hablar ya de casas en el sentido tradicional del término, en todo caso, pero para este estudio es importante completar el espectro de la residencia humana con un análisis de ese nivel superior, el de la "casa", como un tercer factor de un complejo que en el próximo bloque se pasa a caracterizar.

Vivienda
(De la máquina de habitar a la red proactiva)

"Las estancias que vamos a ir visitando no están las unas junto a las otras, ni tampoco encima o debajo. No son pisos ni apartamentos. No son habitaciones con cuatro paredes, suelo y techo. Son nodos de una red que interactúan entre sí y posibilitan el funcionamiento de un sistema doméstico de nuevo cuño" (J. Echeverría, 1995, p. 22)

Las demandas han cambiado. En la imagen se observa cómo el reclamo de un lugar para habitar se "reduce" a la posibilidad de estar conectado a la red. Ése es el nuevo requisito para la vivienda hoy. Su capacidad de conexión. Si antes, las cualidades dimensionales, visuales, lumínicas, de posición en la trama urbana eran fundamentales, hoy, estas cuestiones parecen pasar a un segundo término. Los espacios habitacionales han asumido la necesidad de estar interconectado a la red global para pertenecer a este mundo, para formar parte de la ciudad, del lugar, de la nueva realidad que modifica tanto las esferas más íntimas como las sociales de relación. Hoy en día un grupo de personas que habita una vivienda no necesita de un salón para informarse, cada una de esas personas accede a la información en un portátil en su habitación.

Un espacio mínimo dimensionalmente pero virtualmente casi infinito. Ya no hay necesidad de un espacio físico común de relación audiovisual. Sí virtual, en cambio. Si del esquema organizativo circular del hogar se pasó al axial de la televisión, hoy se habita el reticular del ordenador. Los sistemas se llevan implementados, y un nuevo tipo de relación se desarrollará de un modo más social, interactivo y humano. Del paradigma del PC se está pasando al paradigma *"wearable"*.

Gracias a la red Wifi, el espacio es grande porque es a su vez todo el mundo, el espacio tiene ventanas porque tiene una pantalla y tiene puerta porque tiene acceso a la red (J. Echeverría). Es cómodo porque Google, Wikipedia o la "cuñada digital" de N. Negroponte están ahí, día y noche. La luz natural es la de la naturaleza del E3, la pantalla que ilumina el entorno privativo, suficiente para ver lo que cada cual desea.

Cartel para alquiler de un espacio en Valencia (2017)

"¡Lo más probable es que pasamos la mayor parte de nuestras horas de vigilia mirando a una pantalla del ordenador o el teléfono inteligente (...) 'Tweeting', o navegando por la Web, escuchando un iPod (...) que nuestros niños jueguen con videojuegos en el asiento de atrás en lugar de ver y contar los postes que pasan por el paisaje, y nos vamos a dormir exhaustos después de una película de Netflix, y, oh sí, comprobar nuestro correo electrónico por última vez." (M. BENEDIKT, 2012, p. 1).

En el cartel de la imagen no hay referencias físicas acerca de tamaño, orientación, zona urbana, espacio interior y exterior o su relación. Sólo anuncia de que tiene Wifi: Es decir, lo tiene todo. El resto es superfluo. ¿Será éste el nuevo modelo de espacio, de lugar, de habitar, la Wifi? Aunque la red se lleva ubicuamente a cualquier lugar, este ejemplo es un paso en el escalón de desarrollo de esta nueva realidad. La Wifi, es la nueva compañera de habitación y ese cartel, atractivo hace años sirve como metáfora, válida, del advenimiento de una nueva situación.

Se llega, de este modo, para "actualizar" el estudio de los niveles más cercanos del espacio existencial, al de la casa, al que tradicionalmente más se le ha asociado con el habitar humano, que *"recibe sus dimensiones de los más extensos movimientos y acciones corporales así como de las demandas territoriales"* (CH. N-SHULZ, 1975, p. 34). La noción de casa se desdobla en lo que entiende como casa privada pero también, de amplio carácter público, relacional, posicional. Conceptos que se van a poner en cuestión: La idea de interior y la de situación. Estas cualidades de privacidad y ubicación "territorial" van a ser profundamente alteradas por la implementación de las TIC hoy.

El primer lugar a analizar es el "interior" de la casa. Tradicionalmente en la cultura occidental se ha entendido la vivienda en el sentido de un lugar de protección que se define mediante una organización de funciones. *"La estructura de la casa es primeramente la de un lugar, pero como tal también contiene una estructura interior diferenciada en varios sitios secundarios y en caminos de conexión. Diferentes actividades tienen lugar en la casa y su totalidad coordinada expresa una forma de vida"* (CH. N-SHULZ, 1975, p. 39)

Si bien esa era una explicación de sesgo existencial, este origen también puede datarse en clave sociológico y económico desde bastante más atrás en el tiempo: *"La estructuración de las viviendas mediante la delimitación de habitaciones privadas es un proceso que discurre paralelamente a la emergencia social de la individualidad, fomentada por las ciudades y los Estados en donde ha predominado la burguesía"* (J. ECHEVERRÍA, 1995, p. 76)

Pero estas visiones están ya sobrepasadas, la casa como sistema de lugares físicos unidos por circulaciones que albergan diferentes usos jerarquizados conformando una forma de vida. No es lógico entender hoy la casa bajo estos parámetros, derivados de una visión aún funcionalista, y/o mercantilista, que aún se sufre. Tampoco la sociedad es la que predicó la individualidad en ese sentido. Hoy la individualidad se vivencia de otro modo y su correlato espacial deberá ser diferente.

Esta acepción de casa sirve para abrir el campo de investigación
más allá de los aspectos meramente tipo o topológicos. En la actualidad, estos lugares comunes han sido modificados y completados
por la aparición de la tecnología tanto en el ámbito de la persona
como en el de "sus" objetos, mediante el carácter transformador
del dispositivo terminal al ser aplicado al espacio original. La creación de lugares (físicos y mentales) a través del objeto digital es
una idea a la que resulta fundamental para intentar ubicar –explicar– la existencia hoy. *"La experiencia (percepción) del espacio, consiste así en la tensión entre la inmediata situación de uno y el espacio
existencial. Cuando nuestra localización inmediata coincide con el
centro de nuestro espacio existencial experimentamos la sensación de
'estar en casa'. Si no es así, podemos hallarnos 'en camino', 'en alguna parte' o 'extraviados'(lost)"* (CH. N-SHULZ, 1975, p. 43). Hoy, ¿ese
estar "lost" no significará que lo que realmente ocurre es que el
habitante es ubicuo?

Quizá no esté más que avanzando la realidad de la situación hoy, la
de ser personas que desde la "casa", entendida ésta como un ente
múltiple conformado por el propio cuerpo, sus implementos, los
objetos y el espacio físico cercano, mediados por la capa de información, asumen la ubicuidad de existir y de participar a la vez de un
espacio interior y otro exterior. Pero la arquitectura y concretamente, la vivienda, como se conoce hasta ahora, aún es ciega, sorda y
muda para con el habitante. No reacciona más allá de proteger está-
ticamente de los cíclicos cambios que la naturaleza provoca sobre
ella. La visión existencial ha sido olvidada por un sistema económico
voraz y el paradigma digital aún está intentando llamar a la puerta,
sin un objetivo claro. Ni la máquina de habitar moderna basada en el
progreso técnico ni el esfuerzo posmoderno basado en la recupera-
ción del significado ofrecen respuestas válidas hoy, ya que siguen
proponiendo construcciones estáticas, marcos rígidos hiperdise-
ñados, anclados en modos de hacer autorreferenciales. Tampoco
el campo de estudio del mueble técnico ha logrado responder a las
demandas que las TIC ofrecen, ya que como los anteriores, aún pertenecen a un momento previo a la aparición de éstas, sin poder asumir la nueva situación integrándola en la ecuación.

Porque en el entorno que genera la tecnología actual, la situación cambia. Ahora sí, la vivienda necesita estar viva, cambiar, asumir complejidades, puede ser un objeto que habla, responde, que se manifiesta como un habitante más, llegando incluso a ser un clon de la persona. Y en esa realidad, en esa nueva relación se tú a tú entre ser y objeto, aparece un mundo nuevo de posibilidades, que afectan tanto al modo de hacer como al modo de sentir, experimentar la arquitectura, y más concretamente, la arquitectura residencial, la más directamente ligada al proceso de habitar.

Desde aquella que habitaba Sal, ideada por M. Weiser (1991, p. 7), quizá el más bello, si no el más cercano a lo que propone este trabajo, sería la que planteó S. P. Arroyo (2008). Un entorno totalmente informatizado, una especie de seno materno digital que conoce, habla, cuida y responde al habitante, que modifica sus límites, colores, texturas, y tamaño a medida del usuario como una amable ameba inteligente. Una vivienda proactiva, que está cada vez más cerca de ser realidad.

"A medio o largo plazo la electrónica flexible, transparente y de gran tamaño va a ser muy importante (...) Este papel electrónico permitirá un sinfín de aplicaciones. Tendremos electrónica transparente o semitransparente (...) habrá pantallas de ordenador integradas que indicarán desde la temperatura exterior, las noticias del día o los mensajes que acabamos de recibir" (T. PALACIOS, 2014)

El modelo –incluso su formulación económica y productiva– parece deseable, sugerente, e incluso cercano. La Computación Ubicua aplicada a la casa hace que ése sea el referente buscado. En este sentido, la vivienda que se muestra en la serie *Black Mirror* (E2, T1), tiene todos los componentes descritos. Una célula informatizada, un "espacio celda" en los términos que expone L. Manovich, envolvente, mediante paredes conformadas por pantallas interactivas que responde a las acciones de la persona que la habita, dialogando proactivamente con ella. La casa no es la protagonista, sino una compañera del usuario, al que conoce, informa, y ayuda en las tareas diarias.

Es en ese contexto en el que la idea de vivienda que se quiere plantear en este trabajo debe entenderse. Más que de objeto físico autónomo o hipertecnológico, se pretende desarrollar la idea de habitar un entorno, la manera de estar y activar un espacio para llegar a ser un lugar, si se acepta esta dualidad clásica, o de cómo un entorno inmersivo sirve como receptáculo a un sujeto que implementa en él su vida.

Será J. Echeverría (1995, 1999), quien aproxime al problema. Su modelo de "telecasa" añade un grado de complejidad, tanto técnica como ontológica, a la comprensión de la casa existencial y a cualquier otro modelo de vivienda experimentados hasta ahora.[6] Cualquiera de los tipos de vivienda mostradas en este ensayo, aún siendo tratadas en un recorrido temporal, son posibles hoy, y más con estas tecnologías. No existe una casa canónica del siglo anterior. Las personas habitan un lugar personal de muy profundas raíces culturales, emocionales, existenciales, al fin. Dependerá del habitante el cómo se viva en esa casa y cómo sea modificado su espacio por éstas para ser una u otra.

Sin embargo, plantea un cambio de mirada fundamental. Para él, una página web es una casa. Los buscadores de internet se llaman portales, y la pantalla de los dispositivos son las ventanas de las mismas. Windows se llama así por algo, y en el salón de esta nueva casa digital, siempre hay un menú. Aparece el concepto de "telecasa". Las fachadas son sus cubiertas (recordar la quinta fachada de Le Corbusier), pero ahora entendida como lugar de antenas y repetidores que abren las puertas del mundo interior al exterior.

Apropiadas como metáforas, el fondo es más profundo: *"Las telecasas son los hogares que, además de estar conectados físicamente a su entorno territorial, urbano y cultural, disponen de conexiones directas con puntos del planeta situados a miles de kilómetros de distancia. Dichas 'casas a distancia' se superponen a las actuales viviendas y las implementan tecnológicamente"*. (J. ECHEVERRÍA, 1999, p. 163).

La telecasa no es la casa dotada de tecnología, sino la propia tecnología que permite habitar un espacio virtual que se superpone al real. Esto supone un vuelco en su caracterización. Una persona puede tener varias telecasas en la red, gestionar varios espacios web, con diferentes identidades digitales, sin relación entre sí. Por eso se

[6] Acerca de las diferentes maneras de habitar a lo largo del siglo 20 resulta interesante la lectura de: Ábalos, I. (2000) *La buena vida*. Barcelona, Editorial Gustavo Gili, S. A.

puede decir que las telecasas son ubicuas y en cierto modo, se desplazan por la red.

Esa es la nueva casa de la persona de hoy y su "ubicación" en el nuevo espacio red de información. Con evidente grado de ubicuidad, ya que todas estas acciones se pueden desarrollar al mismo tiempo en diferentes espacios. Importante parece aquí la noción "nodo de red", alejada de la noción clásica de edificio. La arquitectura bajo esta óptica, pierde, solidez, concreción. *"La infraestructura de los actuales domicilios está siendo transformada profundamente, posibilitando la emergencia de un nuevo concepto de casa. En lugar de seguir pensando en las puertas y ventanas de los edificios clásicos como vías de intercomunicación entre el hogar y el exterior, debemos centrarnos en estos nuevos artefactos electrónicos que están subvirtiendo la distinción entre lo privado y lo público (...) Lo importante será analizar esas nuevas estancias, que apuntan a la configuración de una casa sin muros, o, si se prefiere, una casa abierta al exterior."* (J. ECHEVERRÍA, 1995, p. 64).

A un nuevo exterior que no es lo que está al otro lado de la ventana, sino que, alejada de la idea de interior y exterior a la manera moderna, están abiertas ahora al tiempo y al espacio de sus moradores. A un tiempo no cronológico, de nuevo cuño, cuyo único referente ya no es el momento actual, sino una superposición de tiempos distintos. Y a un espacio conectado, ya no encerrado o situado en un entorno físico. Casas abiertas al tiempo y al espacio, a ámbitos sociales distantes entre sí, como nuevo entorno para habitar. ¿Será que las casas han perdido su "lugar", o que éste ha sido transformado por ellas? ¿Dónde están las casas hoy, dónde se sitúan? El lugar tradicional para ellas, el edificio, como contenedor está siendo superado por una nueva concepción, la de infraestructura capaz que ofrece un abanico ilimitado de potencialidades, como entorno mediado donde implementar la vida humana.

Si la vivienda es un entorno inteligente, vacío físicamente pero densamente informado, el edificio será como una infraestructura social, nodo de conexión entre múltiples actores que interactúan redefiniendo sus espacios, sus relaciones y sus necesidades permanentemente. Los edificios se entienden hoy en día desde un punto de vista más subjetivo, personal, ligado a la personalidad de quien los habita.

"Nuestros edificios sugieren una nueva etapa de evolución para la arquitectura (…) dejarán de parecerse a los protozoos y se asemejarán más a nosotros. Estaremos en continua interacción con ellos y los consideraremos cada vez más como robots en donde habitar".
(W. MITCHELL, 2001, p. 65).

Estos edificios van a ayudar al usuario en las tareas más prosaicas, hacer pedidos, gestionar facturas, prever gastos y contratar la energía que la nutre según las mejores ofertas del mercado en tiempo real. Gestionar residuos, economizar gastos y realizar aquellas tareas más mecánicas que liberarán a la persona parte de su tiempo.

Pero hay otra idea que remarcar: Que ese contenedor también podría estar allí, no hay porqué construirlo de nuevo. Lo diferenciador de las TIC es ser aplicadas. El chasis ya está informado. Supuesta la existencia de una red distribuida de información sobre él, toda construcción es hoy, conceptualmente, un edificio flexible. Ello lleva a una idea latente desde el principio: La forma de la arquitectura será independiente de su uso funcional. Se modificará gracias a él, ahora no como función, sino como programa generador.

Diferentes experiencias acerca de la manera de habitar un entorno arquitectónico integrando las TIC en el proceso aparecen hoy. Proyectos tipo (Chasis + Implementos) desarrollados en el MIT de Massachusetts, como la House-N, o más cercanos, como la Media House, del IAAC, en colaboración con el anterior, la información "pertenece" de inicio a la estructura del espacio, éste se construye mediante su existencia.

IDEA 3: La casa como experiencia múltiple

La "casa" ha evolucionado. Su espacio interior se ha ampliado, fundido en un entorno común, para responder de manera más eficiente a las necesidades personales y colectivas del usuario. Se reduce al máximo su espacio "privado", ampliando al máximo su espacio "social". Se reformula la idea de "casa difusa" según la cual no es necesario que ésta tenga un límite único, compacto. La "casa" como suma de "microcasas" independientes, ubicadas en varios puntos de la matriz edilicia. Ello permite la flexibilidad de ubicación, de tiempos y espacios, permitiendo que la densidad real de uso de éstos sea más eficiente. La "casa" se vuelve compleja, fragmentada y ubicua. Esta idea de "vivienda" deja abiertos una serie de interrogantes que se relacionan con su construcción física. Si cada usuario cambia y necesita un espacio diferente, si puede instalar y desinstalar su "cabaña digital" en el edificio, ésa situación debe ser implementada por el sistema constructivo que se plantee en el proyecto. Pero es necesaria una reflexión más profunda, que es la de entender la "casa" no sólo como algo físico sino también virtual, como modo de estar en la red.

¿Hay que olvidar la arquitectura como tal, como objeto físico de trabajo? La arquitectura la harán los arquitectos y/o los habitantes, y será de éstos, pues son los que la habitarán. La vivirán, modificarán, y seguirá siendo arquitectura, "su" arquitectura. Que no tiene porqué ser solamente física, sino también constructo mental, como suma de telecasas de cada persona. Entendida desde el campo de la sensorialidad, de la fenomenología ligada a sus experiencias íntimas y personales, que hoy habitan la red y la inundan de vida.

Ello da una nueva visión del hecho constructivo, y por ende, del hecho habitacional. El edificio en sí deja de tener protagonismo. Hoy es el contenedor informado donde el usuario va a implementar sus acciones, deseos y necesidades, independientes del carácter formal-funcional del mismo y que reaccionará proactivamente con él.

MEME 1: Avatar

La idea fuerza que se propone tras estos 3 primeros capítulos dedicados a los niveles de espacio más cercanos a la persona es que la casa y los objetos son una extensión de las personas. Como un *avatar*, otro yo, al mismo nivel. No es la máquina de habitar corbusierana, sino el entorno informado que interactúa con el habitante como entidad inteligente, proactiva, respondiendo a sus necesidades aprendiendo de ellas.

Superadas las positivistas utopías de la máquina eficaz y la neorromántica idea de casa experiencial, la casa hoy es una nueva "amiga" en el "Face", en la red, un "ser digital" que conoce y amplía la capacidad de relación del habitante con ella y el mundo exterior.

La casa y los objetos aprenden y conocen los gustos y necesidades del usuario, y las características materiales y ambientales del espacio varían para ofrecerle un nuevo modelo habitacional. Una casa a imagen y semejanza que tendrá por lo tanto su misma "personalidad". Las casas serán como sus moradores, su configuración vendrá implícita con este modo de entender el espacio informado, definido por sus usuarios.

Como el *avatar* que dialoga con el sujeto del capítulo "15 millones de méritos" (T1, E2), de la serie Black Mirror. No hay ya límites entre persona, objeto, casa y edificio. Hoy son una nueva unidad, un modelo de ser humano extendido en la era digital. Una relación con un alto grado de complejidad, cuya esencia parece ser no la de habitar una arquitectura, sino la de activar un entorno. Habitar ya no es cuestión sólo de la persona, también de la "casa" que lo completa, proactiva.

Y de la suma de estos n-yoes, aparecerá el "edificio" ubicuo, multi-avatar, suma de todos los demás, humanos y no humanos, edificio no construido, que como infraestructura virtual posibilita las relaciones sociales tanto entre sus moradores, reales y virtuales, como con el resto de "edificios" de la ciudad, y por extensión, la red, el mundo exterior.

EL ESPACIO DEL CIBERESPACIO

El Ciberespacio es el MEDIO DE LOS MEDIA, una nueva naturaleza creada para completar y ampliar el tradicional entrono natural. En este segundo bloque se exponen algunas reflexiones acerca de diferentes conceptos básicos a la hora de dar una visión holista del espacio en la era de las nuevas tecnologías. Para entender mejor el espacio hoy, hay que referirse a su componente tecnológico, como segunda "pata" sobre la que apoyar este trabajo. Si la primera "pata" era la persona, pluriescalar, y su arquitectura más cercana, en este segundo bloque, como una nueva naturaleza mediada, se hablará de la cultura tecnológica aplicada sobre ella, lo que se ha denominado "cibercultura".

Y cómo esta cibercultura plantea un nuevo marco referencial sobre algunas de las ideas principales acerca del espacio, tiempo, lugar, el entorno, lo real y lo virtual y la información como medio para ellas. Es ésta una época del conocimiento que se ha denominado post-humanista, en la que el pensamiento está ligado al entorno tecnológico presente. Que es el mundo de la rapidez, del consumo y de la sobreinformación, en el que tanto la modernidad como la posmodernidad han sido sobrepasadas. Tanto el tiempo de las grandes teorías válidas a nivel global, como el de su crisis por otras más lábiles, han pasado.

El pensamiento hoy es complejo, múltiple, a veces inconexo. Los avances tecnológicos en multitud de campos de la ciencia redefinen el mundo a pasos acelerados. Desde los avances en nuevos materiales, en técnicas ligadas con la vida y la medicina, y cómo no, en las tecnologías de la información, establecen un campo nuevo de trabajo sobre el que abrir nuevas vías. Las TIC han inundado todo, del espacio-tiempo a sus lugares, actualizando una realidad nueva en este momento histórico-técnico-conceptual.

No es el momento ahora del espacio-tiempo moderno ligado al movimiento, no es el de aquella "promenade architecturale" basada en el objeto visto desde múltiples posiciones a lo largo del tiempo, sino el de un concepto hoy ligado a la variación de usos en el mismo espacio atravesado por diferentes tiempos, no para "revelar" el objeto múltiple, sino para desvelar la vida compleja que éste alberga.

Esa combinación de dos factores, espacio y tiempo, es fundamental para estudiar el carácter del espacio hoy. Y no sólo espacio-tiempo, sino, como se verá algo más adelante, también su relación con el concepto de lugar. Hablar de espacio significa hacer referencia a su componente tiempo, a la dualidad de espacio y tiempo como parte de un concepto compuesto por ambos.

Todo ello "animado" hoy por la aparición en la escena de las tecnologías de la información, capaces de hacer saltar muchas de las concepciones clásicas generalmente asumidas, y que en esta nueva situación parecen quedar obsoletas. La nueva concepción espacio-temporal que surge en estos momentos deberá aceptar un conjunto múltiple de factores, que no sólo se referirán al espacio y al tiempo, sino que se deberá integrar personas y lugares (ambos reales o virtuales) y sobre todo, a la capa de información que hoy los habita.

"To the extent that this development inverts the present relationship of human to information, placing the human within the information space, it is an architectural problem; but, beyond this, cyberspace has an architecture of its own and, furthermore, can contain architecture. To repeat: cyberspace is architecture; cyberspace has an architecture; and cyberspace contains architecture." (M. NOVAK, 1991, p. 274)

Espacio-Tiempo
(De la cuarta dimensión al espacio multicrónico)

"Antes las distancias eran mayores porque el espacio se medía por el tiempo" (J. L. Borges)

No interesa aquí hacer un recorrido histórico exhaustivo del concepto, sino más bien desglosar su caracterización desde el momento en el que empezó a ser usado en relación con el mundo del arte y la cultura arquitectónica. Esta situación aparece a partir de la teoría de Einstein (1905), si bien puede afirmarse que fue Hildebrand (1988), quien avanzó la idea, al hablar de espacio cinético aplicado a la escultura. A partir de entonces la idea de Espacio-Tiempo ha inundado la teoría arquitectónica desde los albores de la modernidad. A las 3 dimensiones físicas del espacio, ancho, largo, alto, se le añadió el tiempo como cuarta dimensión, y a través de él, la concepción espacial en el arte, arquitectura y demás ramas del saber. Para Einstein el espacio asume el concepto de "campo", al tratarse de un espacio-tiempo continuo, no como un espacio vacío (C. van de Ven, 1981, p. 71). Desde entonces, la modernidad asumió esta idea de tiempo asociado a espacio para caracterizar el mismo. El componente tiempo como circulación, como movimiento, como acción del hombre en el espacio, fue ligado a éste.

La modernidad, en un esfuerzo de extraer científicamente la esencia del espacio contemporáneo, fijó sus parámetros en la componente más abstracta del mismo, aquello que podía ser cuantificable geométricamente, representado, conceptualizado y así transmitido para elaborar una teoría completa y coherente. Este espacio-tiempo de la modernidad fue puesto en cuestión con la llegada de la filosofía existencialista, más concretamente con M. Heidegger, añadiendo y priorizando la dimensión humana, subjetiva, perceptiva, en la que el foco de atención se desplaza, casi definitivamente hacia el concepto de lugar, de espacio caracterizado por la acción y sentimientos humanos.

Así pues, desde entonces, el espacio-tiempo de raíz más platónica ha ido siendo reemplazado por la concepción más aristotélica de lugar. Y ello llevó al desplazamiento definitivo hacia la idea del sujeto como protagonista, medio y fin de las ideas de espacio, tiempo o lugar. La persona, será, desde la irrupción de la filosofía existencialista, el lugar donde buscar y encontrar esa nueva concepción hoy:

"Luego yo soy el centro de todo esto, no 'yo' como ser universal, no 'yo' como individuo absoluto, no 'yo' como abstracción, sino 'yo' en mi realidad psicofísica" (G. C. ARGAN, 1979, p. 157). O el conocido *"Yo soy el espacio donde estoy"* (N. ARNAUD, 1994, p. 172).

Esa nueva "identidad del yo" que se ha planteado como sujeto complejo o avatar compuesto de diferentes niveles de complejidad (ser + objeto + casa + edificio), es importante aquí, ya que él va a definir su nuevo espacio-tiempo-lugar-entorno... donde desarrollar su existencia. Este será un nuevo entorno real-virtual como reflejo de los espacios y tiempos de las subjetividades humanas, de las personas que lo habitan.

El modelo del nómada que deambulaba en el espacio-tiempo sin rumbo sigue siendo una figura intenta alimenta la teoría aún hoy. Si la chica tokiota se instalaba temporalmente en un mundo fugaz, *"atravesado por su misma fugacidad sin memoria ni futuro, en un espacio indiferente, espacio de la ciudad de los flujos electrónicos, como espacio de consumo, o 'espacio ubicuo siempre idéntico a sí mismo'."* (I. ÁBALOS, 2000, p. 157), la persona que domina la información recorre hoy el espacio de modo real y virtual, incluso de manera incorpórea, habitando un espacio ahora sí sustantivamente ubicuo que sobrepasa esa visión.

También a final de siglo, G. Deleuze (1988), caracterizó al espacio como pliegue, conformado por plataformas, grietas, discontinuidades, que alteran esa experiencia espacial y temporal, pues el tiempo de la experiencia se basa en la sucesión de experiencias y acontecimientos. El tiempo del pragmatismo dominó la escena a partir de entonces. El situacionismo, las acciones, el tiempo de la persona, definitivamente como suma de presentes, se hacía protagonista de la nueva época.

Pero esta visión aún optimista que aúna espacio, tiempo y persona, ha sido puesta en crisis con la aparición de las TIC. Algunas contribuciones han modificado la noción del clásico concepto de espacio-tiempo hoy: *"Estamos ante la experiencia de una cultura mediática en la cual las distancias se acortan hasta convertirse en instantáneas y en el que la reproducción de las imágenes mediante todo tipo de mecanismos conlleva que éstas ya no estén ligadas a un lugar preciso sino que deambulen erráticas a lo largo y ancho del planeta"* (I. SOLÁ MORALES, 1995, p. 109)

Ello llevaría a analizar la situación desde la idea de tiempo, el espacio desde su condición temporal y los efectos que ello produce en el concepto. Es por esta consideración protagonista de la idea de tiempo sobre la del espacio, que a finales del siglo 20 se produce una crisis en la idea de éste al ser casi suplantado por él. Tiempo y espacio ahora disociados de las actividades humanas. Lo que antes era casi lo mismo, espacio y tiempo en ser recorrido, hoy pueden ser vistos como hardware y software. El progreso técnico intenta dominar ese hardware que permite llegar a todos los sitios en el menor tiempo posible. *"El tiempo era diferente del espacio porque, a diferencia del espacio, podía ser alterado y manipulado; convertido en un factor disruptivo, es el cónyuge dinámico de la pareja espacio-tiempo"* (Z. BAUMAN, 2006, p. 120).

Planteada así la cuestión, queda enunciada mediante la siguiente idea: *"La relación entre tiempo y espacio sería, a partir de entonces, mutable y dinámica, no predeterminada ni invariable. La 'conquista del espacio' llegó a significar máquinas más rápidas (...) El espacio era el valor; el tiempo la herramienta"* (Z. BAUMAN, 2006, p. 121).

Conquistar el espacio era en la modernidad la meta máxima, y de ahí a la instrumentalización del mismo, tal como H. Lefebvre planteaba, había sólo un paso, que finalmente acabó dándose. Ello afectaba también a la condición humana, ya que esta situación se extrapolaba en la manera de entender las distancias y tiempos en los que son alcanzados.

Incluso se puede añadir al concepto una nueva visión, ligada a la velocidad de esta era: *"El tiempo extensivo de nuestros abuelos se ha ido transformando en un tiempo intensivo instantáneo gracias al nuevo vehículo ciber audiovisual. Triunfo de la velocidad sobre el tiempo. Se impone, de esta manera, la distancia-velocidad sobre la tradicional distancia-tiempo"* (C. FAJARDO, 1999)

Se estaría ante una situación de cambio importante: La velocidad y la instantaneidad vulneran la primacía del espacio: *"denota la ausencia de tiempo como factor de acontecimiento, y, por consiguiente, su ausen-*

cia como elemento de cálculo de valor (...) la casi instantaneidad de la época del software augura una devaluación del espacio (...) Si cualquier parte del espacio puede ser alcanzado en el mismo lapso de tiempo (o sea, sin tiempo), ninguna parte del espacio es ya privilegiada, es decir, ninguna tiene un valor especial" (Z. BAUMAN, 2006, p. 127).

¿Quiere esto decir, que hoy ya no sería posible encontrar lugares en el sentido clásico del término? Se trata de una afirmación con una gran carga de profundidad, *"El capitalismo de ficción borra las distancias doblemente: a través del efecto del tiempo instantáneo y por abolición de los espacios distintos"* (V. VERDÚ, 2003, p. 24)

Crítica cercana al trabajo de H. Lefebvre (1991) acerca de la producción de espacio social, así como el más cercano de M. Castells (1996) y su espacio de los flujos. Tanto si se piensa en el espacio instrumental que critica el primero, como ése espacio de flujos de información dominado por el Imperio económico que rige las sociedades de consumo al que se refiere M. Castells. Tras la primacía del espacio como esencia de la arquitectura, desde B. Zevi en adelante, hoy parece ser lugar común anunciar su crisis. *"La velocidad de los medios de transporte y el desarrollo de las tecnologías de comunicación nos dan la sensación que el planeta se encoge. La aparición del cyberespacio marca la prioridad del tiempo sobre el espacio. Estamos en la edad de la inmediatez y de lo instantáneo"* (M. AUGÉ, 1993, p. 6)

Esta idea de velocidad, inmediatez, instantaneidad, será llevada a su punto más álgido por P. Virilio (1999) quien extrema esta situación hablando ya directamente del "fin del Espacio", de manera análoga al "fin de la historia" coetáneamente avanzado por F. Fukuyama (1992).

Apunta a un concepto nuevo que es el de la asimultaneidad de tiempos que caracterizaría la situación actual. Con el advenimiento de las TIC, se añade una nueva existencia en un espacio virtual experimentada desde el espacio real, y no siempre simultánea. Los tiempos no son simultáneos. La realidad mezcla tiempos diferentes en un momento, y ello cambia la manera de percibir el espacio. *"Desde el momento en que entran en juego la subjetividad, la significación y la pertenencia, ya no es posible seguir pensando en una sola extensión o una cronología uniforme, sino en una multitud de tipos de espacialidad*

*y de duración (...) Ubicuidad, simultaneidad, distribución fragmentada
o masivamente paralela. La virtualización somete el relato clásico a una
dura prueba: Unidad de tiempo sin unidad de lugar (...) la sincronización
reemplaza a la unidad de lugar, la interconexión sustituye a la unidad de
tiempo"* (P. Levy, 1999, p. 22).

En ese sentido, tiempo, lugar y acontecimientos están interrelacionados: *"El tiempo contemporáneo es un lugar de puntos, de super-
posiciones, de simultaneidades. Los hechos históricos encadenados
son sustituidos por una multitud de acontecimientos que definen un
paisaje"* (F. Soriano, 2004, p. 192). Es interesante la traspolación de la
idea tiempo en imagen espacial, como paisaje o campo de acontecimientos. Hoy se reciben al mismo tiempo informaciones emitidas en
diferentes momentos, solapándose en los terminales digitales. No se
es capaz de controlar su cronología, todo parece presente y a todo
hay que responder en el mismo tiempo. La interconexión hace que
la idea de tiempo venga impregnada de inmediatez sin tiempo, en un
espacio utópico, sin lugar: *"Cuando una persona, una colectividad, un
acto, una información, se virtualizan, se colocan 'fuera de ahí', se des-
territorializan. Una especie de desconexión los separa del espacio físico
o geográfico ordinario y de la temporalidad del reloj y del calendario."*
(P. Levy, 1999, p. 21)

Pérdida del espacio y del tiempo, ya no parecen existir como tales.
Parece que la era de la información ha conseguido desligar a la persona de su esencia heideggeriana que era la de ser-ahí, estar ahí,
construir un lugar, por aquella otra que J. L. Molinuevo planteaba
como "ser-en-la-red". *"En todos estos casos se trata de diferentes vidas
en tiempo real que integran perfectamente lo virtual. Y lo hacen estando
en un espacio y tiempo reales. En el tiempo real el verbo ser quiere decir
estar. Y estar conectado es una forma de ser"* (J. L. Molinuevo, 2006, p.
30). En ese sentido, aparecería un nuevo tipo de espacio creado en la
propia red. *"Los enlaces de la red son los puntos de unión de las diferentes narrativas. Y eso dota a la red de un carácter espacial. Siguiendo
a Bachelard, afirma que son las cosas las que crean el espacio y no al
revés. Y así las páginas web crean el espacio de la red, como espacio de
lugares vividos"* (J. L. Molinuevo, 2006, p. 100). Se vuelve así a la idea
de lugar vivido (T. Ito, H. Bergson, H. Arendt) relacionada con la idea

de J. Echeverría acerca de la existencia de un nuevo espacio de casas en la red (home), en la nube donde el ser humano habita diariamente. Entonces se plantea la siguiente pregunta: ¿cómo sería posible unir las vidas en los dos espacios, el real y el virtual, y sus diferentes tiempos?:

"¿Cómo es posible la vida en tiempo real? La respuesta tópica se ha realizado en términos spinozistas: es la vida de un tiempo instantáneo, ubicuo y simultáneo. Es decir, la vida de dios, que tan perfectamente novelara Dick en su obra Ubik[7]*"* (J. L. MOLINUEVO, 2006, p. 108).

Pero no es la ubicuidad de dios la que aquí interesa, como se avanzó al principio de este trabajo, sino la del ser humano actual. Quizá una acertada respuesta sea la que M. Castells da para esta sociedad de los flujos. *"Para Castells dos de las características centrales de la nueva era están vinculadas a la transformación cualitativa de la forma en que vivimos/percibimos el espacio y el tiempo: el espacio de los flujos y el tiempo intemporal, —que se oponen al espacio de los lugares y el tiempo de la historia."* (J. P. LAMA, 2003a, p. 3).

El espacio de los flujos de M. Castells es un concepto a partir del cual se proponen nuevos modelos de habitar hoy, y no debería suponer una pérdida de lugar, sino un encuentro de otro tipo de lugar, que J. Echeverría (1999) describe cuando realiza una caracterización del espacio al proponer la existencia hoy de un tercer entorno, digital (E3), que se superpone sobre los dos naturales.

"La topología de este entorno es reticular. Posee una base material, pero su funcionamiento no depende tanto de los movimientos de los cuerpos materiales cuanto de la transmisión de una entidad más abstracta: la información. Pero no puede reducirse a los informacional" (J. ALONSO, 2001, p. 198).

Precisión ésta importante, pues será el centro del debate cuando M. Benedikt (1991) lance su teoría de los isosvists sobre espacio e información caracterizándolos como una sola entidad. Ese tercer entorno, permite una lectura múltiple de las experiencias humanas,

---

[7] *Ubik* es una novela de ciencia ficción de P. K. Dick (1969), autor de *¿Sueñan los androides con ovejas eléctricas?* (1968), en la que se basó el film *Blade Runner*, de R. Scott (1982).

como superposición, nunca como exclusión. J. Echeverría, refiere la multicronicidad del E3 frente a la sincronía de E1 y E2. En E3, el tiempo es múltiple, existen múltiples tipos de tiempos, sin ser coetáneos. Plantea así la idea de asincronicidad del espacio-tiempo de la red:

"Internet genera un espacio social que no sólo es ubicuo espacialmente, sino también temporalmente" (J. ECHEVERRÍA, 1999, p. 81).

Éste es el "entorno" que interesa, el de la cercanía física con el sujeto. Este "lugar" o entorno más cercano, la realidad, integrará a las personas y sus acciones tanto en su componente vivencial como productivo. Esta idea de acciones del usuario sobre el espacio-tiempo será clave aquí:

"Para entender, habitar y evaluar el espacio resulta crucial reconocer su aspecto temporal. El espacio no existe simplemente en el tiempo; es del tiempo. Las acciones de sus usuarios recrean continuamente sus estructuras" (O. ELIASSON, 2009, p. 7)

IDEA 4: Espacio + tiempo multicrónico hoy

Parece muy interesante recordar esta condición proactiva, productiva de la persona, pues será uno de los puntos que analizar con mayor profusión. El nuevo sujeto hoy y su capacidad de coproducción con otros, en un espacio y tiempo múlticrónico, para generar una realidad diferente. La proactividad entre ellas y los espacios, sería la que definiría la situación actual: *"La acción tiene, por tanto, una doble|múltiple realidad, una física local, en el lugar geográfico que se configura como nodo, y otra segunda, virtual e interactiva, en el ciberespacio" (...) "En consonancia con las propuestas de Sloterdijk, los nodos del espacio de los flujos son híbridos de personas y máquinas."* (J. P. LAMA, 2003, p. 17).

Sería ahora interesante recordar cómo F. Thompson (1981, pp. 68-70) trabajaba las ideas de "espaciar" y "temporizar" en lugar de los clásicos conceptos de espacio y tiempo, en su ensayo sobre el concepto de Ma, y la unidad de espacio y tiempo en la cultura japonesa. Espaciar, temporizar, son verbos, acciones, realizadas por el sujeto que individualmente y con ayuda de otros, construirá el espacio. Parece ser que es esta simultaneidad, tanto espacial como temporal, la que define hoy la relación con el espacio y el tiempo. Pero se trata del tiempo multicrónico de J. Echeverría (1999), donde se unen diferentes momentos de sus diferentes actores, aplicados sobre un mismo espacio.

El binomio espacio-temporal hoy parece ser el de la coexistencia de tiempos y situaciones personales subjetivas que no permiten una caracterización estable del término, sino al contrario, promoviendo una multiplicidad de lecturas del mismo, tantas como experiencias privadas.

Siempre ligado a los acontecimientos provocados por una persona-avatar, física y digital, que asume esa doble condición y que interactúa en los dos niveles, según lo que en cada momento necesite de ellos. Algo así como una persona que es capaz de vivir en cada uno de los entornos, E1, E2 y E3, experimentándolos de modo simultáneo y activo.

Lugar-Entorno
(Del lugar al entorno utópico)

"Y estos ejemplos de "lugares nómadas" nos plantean una última incógnita: si la arquitectura de las últimas décadas ha aportado esta evolución desde la idea genérica de espacio del estilo internacional hasta la experiencia concreta del lugar, al mismo tiempo, en los últimos años, ¿no habrá empezado a entrar en crisis esta idea ya convencional de lugar ante el acoso de una nueva realidad basada en las interconexiones?" (J. M. MONTANER, 1994, p. 10)

Se llega ahora un concepto que supuso uno de los cambios fundamentales en la manera de entender el espacio en arquitectura desde los años 60 del siglo 20. El lugar como alternativa existencial al asumido en el espacio moderno. De éste, como ente abstracto, geométrico, científico, ligado a una concepción platónica, se pasó a releer el mismo desde una perspectiva que integrara a la persona, utilizando para ello la idea de "topos" aristotélica, como lugar, añadiéndole un tinte existencialista al concepto. *"Aristóteles, dos generaciones después de Platón, trazó un nuevo concepto de espacio en su teoría del lugar (topos), que rechazaba las ideas estereométricas de Platón"* (C. VAN DE VEN, 1981, p. 34).

M. Heidegger fue el que obró esta transformación. Sus palabras acerca del ser humano revolucionaron la crítica arquitectónica del momento: *"Cuando reflexionamos (...) sobre la relación entre lugar y espacio, pero también sobre el modo de habérselas de hombre y espacio, se hace una luz sobre la esencia de las cosas que son lugares y que nosotros llamamos construcciones"* (M. HEIDEGGER, 1994, p. 9)

El punto clave de su manera de concebir el espacio es que el hombre habita el espacio construyendo lugares. *"... el construir, al producir las cosas como lugares, está más cerca de la esencia de los espacios y del provenir esencial «del» espacio que toda la Geometría y las Matemáticas"* (M. HEIDEGGER, 1994, p. 10).

De ese modo se hace penetrar conceptos filosófico-humanistas en el seno de una idea hasta entonces "pura" al modo platónico, la del espacio que se extiende, homogéneo y cuantificable, alrededor: *"Los filósofos actuales del existencialismo y la fenomenología ponen en duda la importancia del conocimiento científico del universo, dado que el espacio concretamente experimentado en que se ha de vivir no tiene ningún carácter infinito, sino el de un interior cerrado y finito (...) Así, la teoría del lugar ha transformado la extensión infinita en un concepto de acuerdo existencial"* (C. VAN DE VEN, 1981, p. 40)

El cambio es profundo. El componente subjetivo predomina y aparece un nuevo modo de pensar el espacio, donde el sujeto es el protagonista: *"El espacio arquitectónico, por consiguiente, puede ser definido como una 'concretización' del espacio existencial del hombre"* (CH. N-SHULZ, 1975, p. 12). El espacio (existencial) es arquitectura, y el lugar, creado por éste con significados ligados a su vida personal, la base de su teoría: *"El desarrollo del concepto de lugar y del espacio como sistema de lugares es, por consiguiente, una condición necesaria para hallar un sitio firme donde hacer pie existencialmente"* (CH. N-SHULZ, 1975, p. 19).

Habitar y construir lugares como base de la existencia humana. Es la aportación clave de la mirada existencial en aquel momento: *"Los espacios reciben su esencia de los lugares y no del espacio (...) La relación del hombre con los lugares y, a través de ellos, con los espacios, consiste en la residencia"* (CH. N-SHULZ, 1975, p. 18).

Queda así claramente definida la relación sentimental entre la persona y el espacio, la proyección de cualidades por parte de la persona en él, lo que finalmente determina la aparición del lugar. *"Cuando un espacio se ha diferenciado hasta el extremo de ser reconocido inequívocamente por sus cualidades físicas y por su nombre propio, es porque se ha producido una proyección sentimental por parte del ocupante o el espectador que lo reconoce y lo nombra para distinguirlo de otros; entonces, ese espacio toma, con propiedad, el calificativo de lugar"* (J. MADERUELO, 2008, p. 17)

Una vez planteado el cambio de foco, resulta necesario estudiar ahora cómo se entiende este concepto de lugar en un momento en el que, tanto espacio como tiempo han tenido que ser redefinidos y la ubicuidad de las TIC es lo que hace de todos los lugares, quizá, hoy, uno sólo.

"Se trata de intentar resolver un remolino electrónico en el espacio de la corriente electrónica, es decir, de originar un lugar de información que substituya al genius loci que había antes" (T. ITO, 2000, p. 149). Recupera el clásico concepto de genius-loci para la arquitectura de la era digital e introduce la idea de información asociada al espacio. Parece que hoy las personas están habitando los flujos de información de esa manera y los lugares virtuales que se crean a partir de ellos cambian el sentido del concepto: *"la gente es mucho más nómada que antes, de tal forma que el anormal aumento de los desplazamientos ha hecho que cambie el significado de la palabra 'lugar'."* (T. ITO, 2000, p. 175)

Sobre esta idea de nomadismo y en torno al concepto de lugar, aparece la necesidad de indagar en el sentido de las conexiones que se producen en la red, su carácter ¿topológico, reticular...? Esa nueva "situación" sería un punto de partida donde integrar en el discurso arquitectónico a los cyborgs de W. Gibson: *"Pensemos (...) en el futuro 'ciberespacio' que anuncia la novela Neuromante de William Gibson (1984) con unos seres nómadas, llenos de prótesis artificiales, que malviven en los hoteles, en las entrañas de las redes informáticas tridimensionales y en lanzaderas espaciales"* (J. M. MONTANER, 1994, p. 10)

Relacionada con este nomadismo habitacional ficticio, T. Ito plantea una propuesta muy sugerente acerca de la caracterización de la vivienda como punto de paso: *"Incluso la vivienda (...) es hoy en día un punto de paso más que de destino. ¿No estará funcionando la vivienda simplemente como un punto de cruce dentro de la red de actividades de los habitantes de la casa? (...) Así pues, cuando los lugares de reunión de los habitantes de la ciudad, o el lugar de comunicación para la familia, se convierten en puntos de paso, no hay más remedio que sustituir el concepto espacial tanto de los edificios públicos como de la vivienda, por otro diferente que se tenía hasta ahora"* (T. ITO, 2000, p. 177)

En este nuevo medio fluido, donde el espacio líquido y sus arquitecturas se desarrollan, la idea de lugar habitado deja de ser estática, permanente, rígida: *"La fluidez del mundo contemporáneo sin duda tiene que ver con el deseo de conjurar el pecado nefando en el capitalismo: detenerse (...) El tiempo invertido en desplazarse parece aproximarse al destinado a habitar. La consecuencia de ello es que todo lugar, hasta el hogar, se convierte en virtud de esta disposición transitoria en lugar de paso"* (L. ARENAS, 2011, p. 10)

Estas ideas parecen tener un punto de acuerdo: La consideración del lugar, del lugar hoy de la habitación humana, como un punto de paso, un nodo en el espacio-tiempo de las comunicaciones, en el espacio de la información, como un momento más bien de carácter efímero, breve, activado por las nuevas tecnologías y las personas, por sus acciones sobre ellos. *"Desaparece el teléfono del trabajo y el teléfono familiar del domicilio y con ello la distribución del horario correspondiente a cada uno. Ya no se llama a un lugar físico, sino a un individuo que, desde el móvil, puede comunicarse, adquirir, ver, captar imágenes; desde cualquier lugar y con cualquier lugar (en el que haya cobertura), en cualquier momento. El presente discontinuo se instala en el espacio y en el tiempo y borra los límites de las dualidades clásicas: trabajo-ocio, público-privado, exterior-interior"* (A. AMANN, 2011, p. 41)

En ese sentido, los niveles existenciales más cercanos, estudiados anteriormente, vuelven al discurso, como el entorno a través del cual la persona hoy habita y crea el lugar, da significado al espacio mediante sus implementaciones. La idea de lugar admite ahora nuevas aristas menos sólidas relacionadas con espacio-tiempo de sus moradores: *"Es por tanto, la ruptura del concepto mismo de LUGAR, su desintegración, pues ni es propiedad, ni sustancia, no tiene entidad, sino condición, vinculada a la acción, al estar fugaz, al tiempo, el movimiento, las propiedades cambiantes y aleatorias."* (J. M. BARRERA, 2010, p. 70)

Relacionado con esta crisis del lugar se debe hacer un breve inciso sobre un concepto relativo a los lugares carentes de significado (no-lugares), pues no estaría completo este análisis sin abordar esta mirada: *"Así, al definir el lugar como un espacio en donde se pueden leer la identidad, la relación y la historia, propuse llamar no-lugares a los espacios donde esta lectura no era posible"* (M. AUGÉ, 1993, p. 10). Debido a la mercantilización del espacio, rapidez e instantaneidad de las relaciones humanas y sus movimientos, en esta sociedad de consumo hace su aparición el concepto de no-lugar. *"Estos no-lugares se yuxtaponen, se encajan y por eso tienden a parecerse: los aeropuertos se parecen a los supermercados, miramos la televisión en los aviones, escuchamos las noticias llenando el depósito de nuestro coche en las*

gasolineras que se parecen, cada vez más, también a los supermercados."
(M. AUGÉ, 1993, p. 11)

Aunque realmente no son no-lugares "a tiempo completo" o para
todo el mundo por igual, no son un hecho físico sino más bien ligado a la mente humana, a sus variaciones. *"Es necesario aclarar que
la oposición entre lugares y no-lugares es relativa. Varía según los
momentos, las funciones y los usos. Según los momentos: un esta-
dio, un monumento histórico, un parque, ciertos barrios de París no
tienen ni el mismo cariz, ni el mismo significado de día o de noche, en
las horas de apertura y cuando están casi desiertos"* (M. AUGÉ, 1993, p.
10). Estos no-lugares corren el peligro de reproducirse y extenderse por el mundo físico, derivados de la situación socio-económica
actual, el de una sociedad adjetivada como "Supermoderna": *"Ahí
yace la paradoja de este mundo en expansión, pues si bien el área desig-
nada como territorio familiar es mayor que nunca, la gente encuentra al
mundo más carente de significado, ya que grandes porciones del mundo
conocido son sólo familiares a través de una vista fugaz y no constituyen un 'lugar' por emplear el viejo término estructuralista."* (H. IBELINGS,
1998, p. 65)

Ello le lleva a plantear la idea de que cada vez hay más espacio que
podría llamarse no-lugar o "espacio basura" como espacio arquitectónico derivado de la modernidad, sin significado ninguno, y de
que nadie siente afecto alguno por él, como también R. Koolhaas
evidenció.

Afirmación que defiende en base a las tres características principales de lo que H. Ibelings llama la actual "condición supermoderna"
del mundo, que son: la abundancia de espacio, la abundancia de
signos (el bombardeo ubicuo de información) y la abundancia de
individualización.

Pero ello no debe alejar la mirada del foco, que no es otra que la
de defender que la idea de lugar, en esta época, está cada vez más
presente, pues parece que cada vez existen más espacios capaces
de adquirir significado si es que no lo tienen ya. El espacio contemporáneo de los flujos debe ser entendido como un verdadero lugar:
"Cuando se habla de la desterritorialización del espacio, nuevamente se

cometen los errores de la herencia platónica: una mente en el territorio de las formas simbólicas. En el humanismo tecnológico, por el contrario, no se acepta esa dualidad, y tampoco la premisa de un ciberespacio de nadie, como un no lugar. Al hablar así del lugar no se tiene en cuenta que el 'lugar' no es solamente lo físico, sino el espacio de la memoria habitado por el ser humano". (J. L. MOLINUEVO, 2006, p. 37)

Las personas, sus acciones y los procesos de relación entre ellas, las arquitecturas que nacen de las interconexiones provocan la creación de nuevos lugares: *"Desde mil lugares distintos sigue siendo posible la producción del lugar (...) como la producción de un acontecimiento. No se trata de proponer una arquitectura efímera, instantánea, deleznable y pasajera. Lo que se defiende en estas líneas es el valor de los lugares producidos por el encuentro de energías actúales, gracias a la fuerza de dispositivos proyectuales"* (I. SOLÁ MORALES, 1995, p. 114)

Se hace necesario pues repensar y reformular una teoría del lugar que acepte la presencia de las nuevas tecnologías como un factor clave para su caracterización. *"En los puntos donde nos enchufamos a la infraestructura de las telecomunicaciones digitales aparecen lugares inteligentes donde fluyen con abundancia los bits y donde el mundo físico y digital se superponen"* (W. MITCHELL, 2001, p. 37). Aparece así la idea de lugar inteligente, que bien podría ser cualquiera de los vistos hasta ahora, espacio líquido, de los flujos, espacio aumentado...:

Evidentemente estos lugares inteligentes serían ya todos, aceptando que todo punto del espacio es un lugar, pues ya está dotado de información que alguien ha implementado. Y son reales: *"tales lugares electrónicos no son nodos uniformes, carentes de dimensiones (...) de hecho tienen extensión espacial, se relacionan con nuestro cuerpo, están colocados en contextos físicos concretos y su configuración espacial y material es importante. Son habitados, usados y controlados por grupos determinados de gente, tienen sus costumbres locales y su cultura, y su carácter va de lo íntimo y lo privado a lo globalmente público. Y no son sólo interfaces: estamos empezando a vivir nuestra vida en ellos."* (W. MITCHELL, 2001, p. 37).

Se estaría hablando ya de lugares sin el componente existencialista del término. Ello significa que el lugar existe hoy, sin necesidad del

Dasein ni de construir puentes. Las pasarelas residenciales[8] (en términos informáticos) ya han tendido dichos puentes antes de que las personas llegaran. Alguien (internet, todos, la red...) ha dotado al espacio de una información previa, una intención, un significado *"Para nosotros, instalar el genio en un lugar consiste sencillamente en una tarea de implementar programas (...) Ese genio puede ser sensible a las necesidades de los habitantes, adaptarse a los cambios del entorno y, haciendo uso de su conectividad en red, enfocar los recursos globales en las tareas locales concretas"*. (W. MITCHELL, 2001, p. 57)

Ésta bien podría ser la actualización del concepto de lugar. Un nuevo espacio residente en la "nube" que carga con todos los significados y experiencias, datos e información. La nube puede ser hoy el "lugar de lugares", que automáticamente se implementa, se descarga, en cualquier "sitio" (nodo de la red o espacio físico). Esa doble condición permite aventurar su capacidad de crear un nuevo espacio habitado (lugar) integrando ambos entornos afectivos, el personal y el común.

[8] PASARELA RESIDENCIAL es un dispositivo que conecta las infraestructuras de telecomunicaciones (datos, control, automatización) de una vivienda a una red de datos.

IDEA 5: La utopía del lugar

Quizá, finalmente, ya sólo se resuma a un problema de asumir la coexistencia, la superposición, de nuevo, de los 3 entornos humanos:

¿Dónde estoy cuando estoy on-line?

¿Qué quiere decir que estoy en el "Face"?

Parece ser que el discurso acerca de la ontología de los lugares se ha desplazado, valga la redundancia, de lugar. Su esencia ya no reside sólo en el propio usuario, sino en la matriz habitada por ellos, en la red. Si el espacio está lleno de información, y ésta es ubicua, y el espacio con significados inunda la realidad, se puede derivar que no existe ningún punto en el que no haya información, que no esté mediado, por lo que realmente, la acción humana ya ha sido realizada e implementada allí antes de que la persona experimentara ese lugar.

Querrá eso decir que todo el espacio es hoy, ya, lugar, independientemente de la acción de la persona sobre él, puesto que esa acción ha sido ya realizada. Internet es el lugar, hoy, de todos. La red es el lugar de lugares, y los implementos que el usuario particular realiza, no son más que un "segundo nivel" de lugares aplicados sobre el primero, pues siempre "hay alguien ahí" que ya ha caracterizado el espacio, que le ha dotado de significados.

Él simplemente tendrá que buscar, cortar y pegar sobre el anterior, aquellos contenidos que le interesen, pero que ya estaban allí, esperándole, invisibles, pero presentes. El "genius loci" viaja con éste, y el lugar, ubicuo, utópico, es el mismo habitante, habita en él. Parece extraerse de esta "situación" que las personas son "lugares andantes", portando con ellas sus experiencias y necesidades, compartiéndolas con las de otros, y el espacio donde habitan se "carga" automáticamente de sentido sin ser conscientes ni tomar ninguna decisión existencial sobre el mismo. Ocurre simplemente por estar-ahí, en ese espacio ya mediado.

Materia - Información
(Del espacio mudo al espacio como "media")

"Existe hace mucho tiempo la voluntad de aportar la capacidad de procesar información a la materia de la que están hechos los edificios. De arquitecturas 'inteligentes' se habla ya hace bastantes años, de entornos activos e inteligencia ambiental hace algunos menos. Sin embargo sigue sin existir una verdadera arquitectura de la era y para la sociedad de la información." (A. FERRÉ y J. SALAZAR, 2007, p. 6).

La capa de información que inunda el espacio puede ser la idea que enlace e integre las anteriores, y que explique el cambio de visión en el momento actual: *"A diferencia de cualquier otra revolución, el núcleo de la transformación que estamos experimentando en la revolución en curso remite a las tecnologías de procesamiento de la información y de la comunicación"* (M. CASTELLS, 1996, p. 57). Será necesario conocer las características de esta capa de información que habita el ciberespacio.

El término ciberespacio se difundió en 1984 a través de la novela de ciencia ficción *Neuromancer*, de W. Gibson.[9] Este término se refiere al universo de datos que inunda el espacio virtual. *"El ciberespacio es el nuevo medio de comunicación que emerge de la interconexión mundial de los ordenadores. Cibercultura, aquí designa al conjunto de las técnicas (materiales e intelectuales), de prácticas, de actitudes, de maneras de pensar y de valores que se desarrollan de manera conjunta en el crecimiento del ciberespacio"* (P. LEVY, 1997, p. 15).

Pero esta capa de información añadida a la realidad (recordar el E3 de J. Echeverría) que superpone sobre el mundo real, de las personas y cosas, tiene algunas características muy relevantes: *"Esta universalidad desprovista de significación central, este sistema del desorden, esta transparencia laberíntica, la llamo 'lo universal sin totalidad'. Constituye la esencia paradójica de la cibercultura."* (P. LEVY, 1997, p. 85).

---

[9] W. Gibson fue el primer autor en acuñar el término "ciberespacio". En el libro *Neuromancer* (1986) se popularizó, pero ya lo usó en *Johnny Mnemonic* (1981).

Ya no habría verdades absolutas que rijan el conocimiento a través de la red, sino una multiplicidad de opiniones, saberes, una amalgama de particularidades que no son capaces de crear una verdad totalizadora, sino todo lo contrario. Cabe recordar aquí como esta manera de crear espacio de información se asemeja al modelo Linus, tal y como lo expresaba E. S. Raymond en su ensayo *Catedral y Bazar* (2001).

La red se crea como un bazar, sin planos prediseñados, sin esquemas previos, no como se solían construir las antiguas catedrales, del saber en este caso, con un objetivo y programación previos, sino que se construyen por acumulación horizontal de conocimientos, agregados, inconexos e incluso contradictorios. Esa es su esencia, la información.

P. Virilio añade a esta idea una reflexión acerca de la información como una nueva dimensión: *"A las tres dimensiones geométricas que determinaban la percepción del relieve del espacio real se añade ahora la tercera dimensión de la materia misma: después de la 'masa' y la 'energía', la dimensión de la 'información' hace su entrada en la historia de la realidad, desdoblando de este hecho la presencia real de las cosas y de los lugares."* (P. VIRILIO, 1999, p. 132).

En ese sentido se expresan otros autores, cuando asimilan la información como la cuarta dimensión: *"La cuarta dimensión nace cuando nos encontramos en un ambient intelligence. Se trata de la conexión definitiva entre el espacio, el tiempo y la capa de información."* (ECOSISTEMA URBANO, 2012, p. 3)

M. Castells plantea también la información como dimensión extra que modifica las anteriores, provocando el cambio de paradigma detallando algunas de sus características fundamentales: *"La primera característica del nuevo paradigma es que la información es su materia prima: son tecnologías para actuar sobre la información, no sólo información para actuar sobre la tecnología, como era el caso en las revoluciones tecnológicas previas".* (M. CASTELLS, 1996, p. 57)

Definida así, parece necesario ahora intentar desvelar cómo se pueden aplicar a la realidad, a la arquitectura: *"¿Cómo es la experiencia de una forma espacial se ve afectada cuando el formulario se rellena con información multimedia dinámica y rica? (...) ¿El formulario se vuelve irrelevante, reduciéndose a un apoyo funcional y en última instancia, invisible para los flujos de información? ¿O nos encontramos con una nueva experiencia en la que las capas espaciales y la información son igualmente importantes?"* (L. MANOVICH, 2002, p. 1)

La nueva situación genera otras posibilidades, avanzando la idea clave: Espacio e Información pueden ser leídos de una manera integradora. Y anticipa una idea sobre su concepto de espacio "lleno" de datos, espacio con una dimensión adicional, que sería la de la información: *"Sugiero que el diseño del espacio electrónicamente aumentado puede ser abordado como un problema arquitectónico. En otras palabras, los arquitectos, junto con los artistas pueden dar el paso lógico siguiente para considerar el 'invisible' espacio de los flujos de datos electrónicos como sustancia y no sólo como vacío –algo que tiene una estructura, una política y una poética"* (L. MANOVICH, 2002, p. 15).

Parece interesante considerar a la capa de información capaz de generar nuevas maneras de entender el hecho arquitectónico. Si la máquina originó nuevas formas, el chip debería suscitar, por lógica, el mismo efecto. Ese espacio "aumentado" es principalmente información. Se evidencia así que la actual revolución, tiene el calado e importancia semejante al que tuvieron la agricultura, la imprenta, la industria. Hoy son las TIC las que han provocado esta profunda transformación que afecta a todos los campos de la realidad. Y la arquitectura, por ende, no es ajena a ella, sino que se debe aprovechar de la misma.

"Tales sistemas desempeñarán cada vez más la tradicional función arquitectónica de recubrir el hábitat humano con información gráfica y textual (...) La arquitectura ya no es simplemente el juego de los volúmenes bajo la luz: ahora incluye el juego de la información digital bajo el espacio" (W. MITCHELL, 2001, p. 47).

Se ha retomado, de nuevo, la época de la modernidad, la líquida, de Z. Bauman, o el "informacionalismo" de M. Castells. El mundo de la información es el nuevo marco de trabajo hoy. Ya no se puede entender el espacio personal, social, sin la capa de la información que lo inunda de manera ubicua. Parece necesario ligar mediante una teoría esa capa a todos los espacios y/o lugares.

Es M. Benedikt el que identifica casi de manera absoluta el espacio arquitectónico con la información, mediante su teoría de los isovists: *"La información es intrínsecamente espacio-temporal y el ciberespacio no es más que el nombre que se da a la información espacio-temporalizado en una manera específica"* (M. BENEDIKT, 2008, p. 14).

Mediante un recorrido histórico del concepto de espacio relacionado con la información, desde el "principio de la identidad de los indiscernibles", de Leibniz, llega hasta la época del Geist: *"¿Y lo que ha hecho el Geist, no es sino información? (...) voy a tratar de mostrar que el espacio es la información, y la información es espacial. ¿Es información en el espacio, o un espacio en la información? Considero que esta es una cuestión fundamental (...) la idea más radical es que espacio y la información son una y la misma cosa".* (M. BENEDIKT, 2008, p. 4).

Despliega su teoría en base a los movimientos relativos de los cuerpos en el espacio y tiempo, sobre los que aparece una capa adicional, la de la información, derivada de su existencia previa en la red. *"El concepto de información está un peldaño un poco 'más alto' que la de espacio o tiempo a solas. La misma definición de 'Información' presupone la de un observador sensible que es capaz de evaluar probabilidades y tener expectativas, alguien o alguna criatura que está sensorialmente y en el tiempo conectado, y es parte del mundo."* (M. BENEDIKT, 2008, p. 9). La idea de información sin "usuario" perdería todo contenido. Se necesita de la existencia de un "observador" que sea sensible con ella. Asumir la subjetividad de su visión, necesaria para un sujeto en el espacio y añadir al carácter particular de las informaciones de cada actor y su diversidad experiencial como valor añadido a la capa de información.

Quizá el desarrollo más profundo sobre estas ideas sea el de L. Manovich cuando lanza su idea de "Espacio Aumentado" para ilustrar lo que un espacio "informado" es capaz de ofrecer. Plantea el espacio como un medio, hipertextual: *"Por primera vez, el espacio se convierte en un tipo de medio. Al igual que otros tipos de medios –audio, video, imágenes fijas y texto –puede ser ahora instantáneamente transmitida, almacenada y recuperada, comprimido, reordenada, en tiempo real, filtrado, calculado, programado y interactuado."* (L. MANOVICH, 2002, p. 3)

A partir de esta concepción plantea ese modelo espacial del siguiente modo: *"Espacio aumentado es el espacio físico superpuesta con información que cambia dinámicamente. Esta información es probable que sea en forma de multimedia y está a menudo localizado para cada usuario"* (L. MANOVICH, 2002, p. 1). Dando así importancia al usuario como vehículo de la información para redefinir y aplicar dicha información a la arquitectura, sea ésta de carácter existente o de nueva creación, sin distinciones. Entiende también que dicho espacio es particular para cada usuario, y responde proactivamente a los intereses de quien lo habita, configurándose, como se ha dicho, en un auténtico avatar del mismo.

También lo define como espacio "celda": *"Espacio celda es el espacio físico que está 'lleno' de datos, que pueden ser recuperados por un usuario a través de un dispositivo de comunicación personal (...) Podemos pensar el Espacio celda como la capa invisible de la información que se presenta en el espacio físico y se personaliza por un usuario individual (...) Espacio aumentado es el espacio físico que está 'densificado de datos', ya que cada punto ahora potencialmente contiene diversa información que se entrega a ella desde otro lugar"* (L. MANOVICH, 2002, p. 3).

Y por lo tanto, la arquitectura debe *"abordar el diseño del espacio aumentado como un problema arquitectónico. El Espacio aumentado ofrece un desafío y una oportunidad para que muchos arquitectos reconsideren su práctica, ya que en arquitectura se ha de tener en cuenta el hecho de que las capas virtuales de información contextual se superpondrá al espacio construido"* (L. MANOVICH, 2002, p. 6)

¿Cómo se materializan estas ideas? Trabajando con la información integrada en el espacio, sin caer en la trampa "venturiana" de aplicar pantallas digitales al edificio, decorados con imágenes que anuncian la llegada de una nueva época, sin ser más que meros adornos a la moda.

En la Media House, del IAAC, *"La piel conectada al esqueleto estructura recibe información, reacciona, produce y modifica sus características con respecto a los procesos que ocurren en el exterior-interior de la casa (...) En pocos años, el mundo físico pasivo definido por las estructuras puramente funcionales que proporcionen a la vivienda, y en el que se consumen los productos y se interactúa con el mundo a través de pantallas,*

SHARED HYDROPONIC FARM:
A USER'S GUIDE

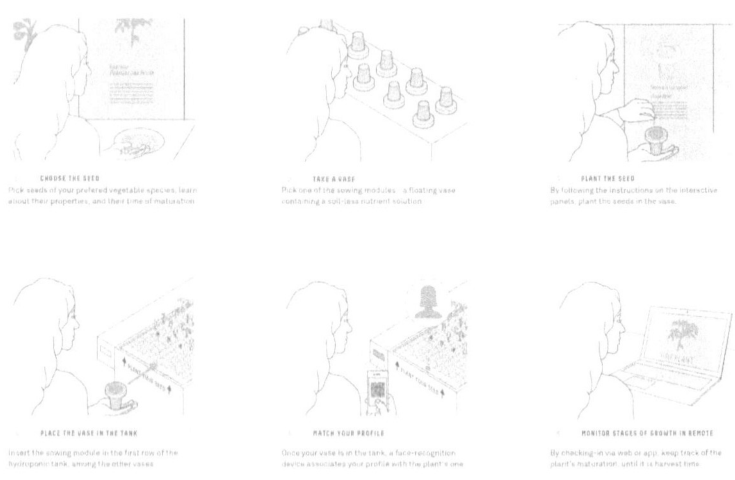

FICO Eataly World (Carlo Ratti Associati, 2016)

FICO Eataly World (Carlo Ratti Associati, 2016)

será obsoleto en entornos inteligentes en el que todo y todos (personas, objetos, espacios) se generan y consumen información y, a ser posible, la transformarán en conocimiento." (V. GUALLART, 2004).

Carlo Ratti, en su proyecto FICO (2016), trabaja la información como parte del espacio. En él, colaborativamente, los usuarios son gestores y productores de alimentos ecológicos a distancia, en una suerte de huerto digital, mediante una APP (Eataly World), con la que trazar, dirigir, conocer y recolectar un producto y llevarlo a cualquier parte del mundo, proponiendo un nuevo modo de interacción entre materia e información.

Se trata de un pabellón circular, donde se sigue una ruta inmersiva que termina llevando hasta un jardín hidropónico interior. Aquí cada uno puede elegir la semilla a cultivar y monitorizar su crecimiento, comprobando la secuencia de maduración. Según C. Ratti: *"moverse a través del espacio del pabellón será como moverse a través del tiempo"*.

"En la materia inerte, producto de la era industrial, no cambia nada entre la producción de un artefacto y su uso. El factor tiempo solo tiene importancia con relación a su fatiga por el uso (...) No es así en el caso de la materia informatizada. El factor tiempo juega un papel fundamental (...) el artefacto procesa información, elabora una 'experiencia' y modifica su funcionamiento en relación a ella." (A. FERRÉ y J. SALAZAR, 2007, p. 5).

En su Museo Inmaterial (2005), AMID plantea una nueva manera de entender los espacios expositivos. Un parche médico sobre la piel del visitante junto a una antena RFID conectada a un teléfono móvil, hace que el usuario reciba con los contenidos del museo, como verdaderos *Neuromantes* hoy.

El edificio sería una pequeña galería anular que albergaría la colección de arte digital, los servidores y talleres de nuevas tecnologías del Museo Extremeño e Iberoametricano de Arte Contemporáneo. Con una forma ameboide que recuerda la Endless House de F. Kiesler, mediante dos anillos entrelazados, se convierten una especie de nudo espacial infinito. La percepción del conjunto desaparece, mediante un mecanismo de desubicación al no poder captar ni la longitud ni el desarrollo del espacio físico. Sin embargo, el sistema conoce la posición del usuario y activa aquellos paquetes de datos en los que éste

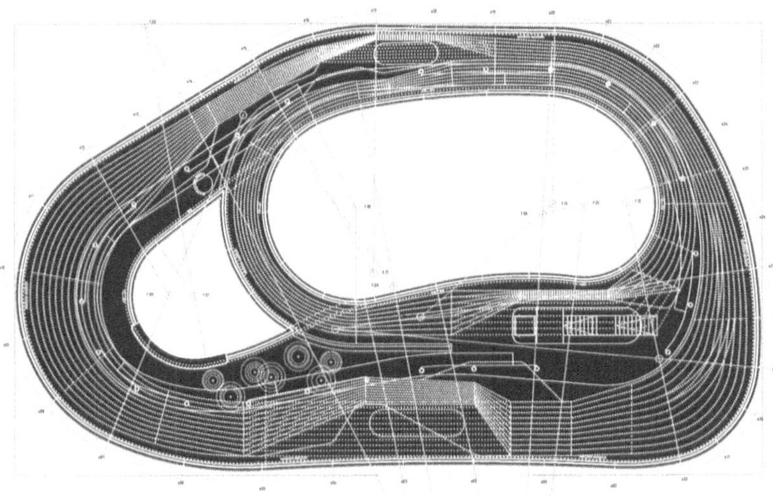

I'm Inmaterial Museum (Cero9-AMID, 2005)

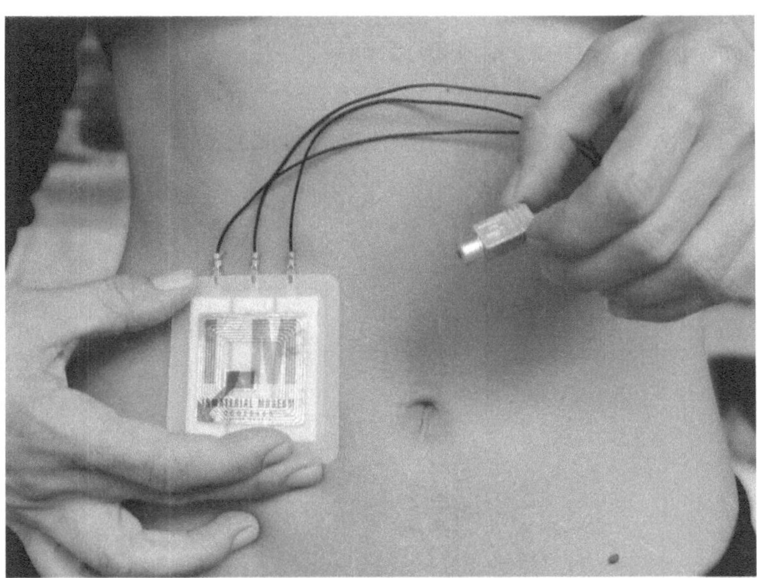

I'm Inmaterial Museum (Cero9-AMID, 2005)

pueda estar interesado. Se trataría una "puerta" (J. Echeverría) digital y fisiológica al museo.

De una manera multisensorial, háptica, el espacio interior se define
a su vez mediante sistemas de refrigeración y calefacción radiantes
y otros sistemas de creación de clima artificial, así como de sonido
direccional y antenas RFID y Wifi. Un nuevo tipo de caja escénica, ya
no es la blanca caja museística tradicional ni la negra caja de representación teatral.

Como en la memoria del proyecto se explica, *"Antes que un edificio,
el Museo Inmaterial es una perturbación, un mapa de desplazamiento
visual, climático y digital del jardín del museo, que actúa definiendo espacialmente un dominio para la interacción humana con el arte digital"*.

Estos ejemplos refuerzan la idea que de que la materia de la que
están hechos los edificios es cada vez más, informacional: *"Cuando
los ladrillos se convierten en píxeles, la tectónica de la arquitectura se
convierte en información, la planificación urbana se convierte en diseño
de estructura de datos, y los costos de construcción pasan a ser costos computacionales, la accesibilidad se convierte en transmisibilidad y
la proximidad se mide en el número de enlaces necesarios y ancho de
banda disponible"* (M. Benedikt, 1991, p. 55)

IDEA 6: La informacion es la materia del espacio

"La materia de los edificios, igual que la materia de otros objetos, tiende a informatizarse." (A. Ferré y J. Salazar, 2007, p. 7).

El mundo de las TIC se basa en la expansión total de capas de información sobre el entorno en el que se habita. Todo lo que se ve es información y todo lo que en los dispositivos se recibe es información. Imágenes, música, datos, hipertextos… nada escapa a formar parte de esta categoría. Como dice M. Benedikt (2008), ello requiere, tanto para su creación, coproducción, emisión y recepción, de una entidad (persona o cosa) sensible que interactúe con ella y vuelva a producir iteraciones sucesivas que sigan la cadena de acontecimientos. Esa entidad sería la que se ha descrito en la primera parte del trabajo, que actuando como "usuario" de las nuevas tecnologías, produce, aplica y habita nuevos lugares, en el mundo físico y en la red. Así, más allá de la asunción de que espacio e información puedan ser uno, la misma cosa, o que se pueda entender como entidades complementarias, superpuestas, parece importante destacar la necesidad de que sean activados por la presencia de un actor que con sus decisiones y sus acciones, cree los escenarios posibles para revelar las potencias, reales y virtuales, de la capa de información ubicua en el espacio y el tiempo.

Para entender el hecho habitacional hoy en día hay que activar los espacios. Existe la tecnología y los medios, las bases están planteadas. Sólo hay que trabajar con ellas para descubrir el sentido de un mundo que se transforma gracias a ellas. La información es hoy el medio (McLuhan) en el que el espacio se expresa de modo completo: *"La información es para la teoría cibernética un elemento fundamental para la organización del sistema. Lo que el enlace circular de los componentes retroalimenta no es sólo materia y energía, sino que hay allí un proceso informacional y organizacional."* (B. Gros, 2001, p. 1)

Un último ejemplo es el proyecto de vivienda social para investigadores UBITAT 1.0, realizado en el concurso V4J (Córdoba, 2011), que propone un modelo de espacio informacional definido por las TIC desarrolladas.

Para definir un nuevo "ámbito del yo" como parte del espacio de las TIC, se trabaja la idea de densidad de uso asociada a la de ubicuidad. Cada vez se reside menos en la vivienda, no se "usa" mucho. La "casa" será reflejo de ello. Se minimizará el espacio privado, dotado del mínimo necesario, y se maximizará el espacio común. Se define un nuevo tipo de residencia como sistema de alojamientos. La vivienda clásica explota y disgrega en espacios privados –aislados– y espacios comunes –que se integran con los de otros –. El modelo "camping" es pertinente. El edificio pasa a ser un "campo" abierto en el que los usuarios "plantan" sus habitáculos cogestionando sus espacios intersticiales día a día.

La "casa" es una célula de sólo 12.5 m^2 en el que desarrollar todas las funciones menos las que requieren instalaciones húmedas, ubicadas fuera de ella. Como un tallaje se plantea la posibilidad de adición para obtener entidades mayores para grupos familiares complejos, o subdividir en varios espacios la vivienda, de manera difusa (X. Monteys). La idea es la de edificio "comuna", en la que cada nivel es una casa con individuos intercambiando experiencias, un entorno inmersivo compartido por un nuevo tipo familiar. Una "familia" de "yos digitales", cohabitando gracias al sistema de Inteligencia Ambiental planteado.

El componente social cercano se resuelve mediante espacios comunes en la zona interior. Espacios vacíos en los que desarrollar reuniones, conferencias y "escritorios" digitales, donde compartir datos. De la gestión de dichos espacios comunes, a la vez públicos y privados, se hará revertir beneficios económicos a la comunidad, ofreciendo actividades a los propios usuarios como a gente ajena al edificio. El edificio es una nube "cloud" digital habitada, una pecera de luz difusa, abstraída del devenir de las horas, con luz homogénea independiente de su orientación. Una entidad externa de Gestión del Habitar facilitará relaciones entre usuarios, gestionará cuotas y participaciones, actividades, organizará espacios y reservas, lavandería y gestión de residuos, y se encargará de desarrollar y actualizar el Middelware para que el sistema de Inteligencia Ambiental sea activo y evolutivo.

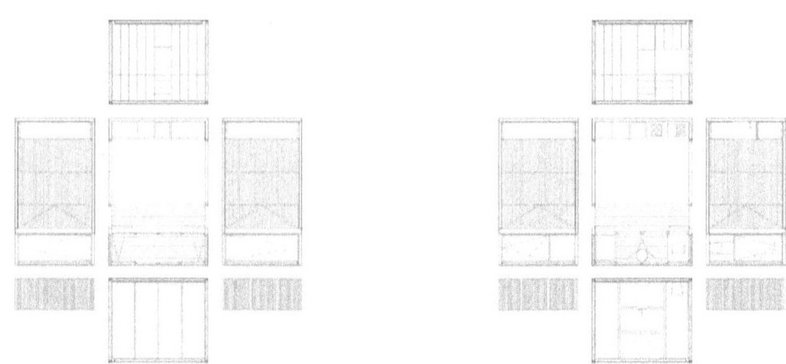

UBITAT 1.0. La célula básica (seca y/o húmeda)

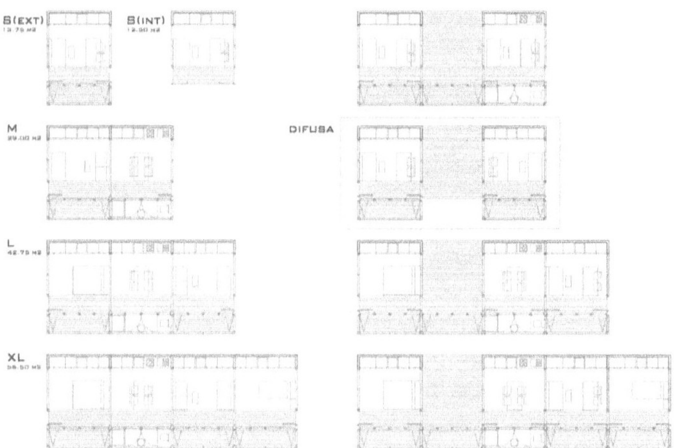

UBITAT 1.0. Configuración de viviendas. Tallaje

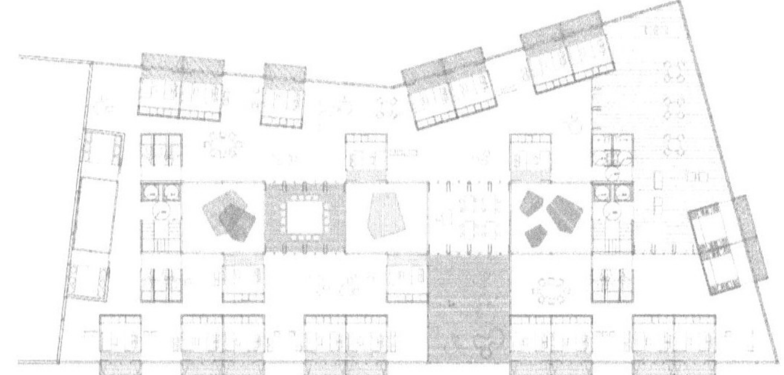

UBITAT 1.0. El edificio como "camping" digital

LA ARQUITECTURA DEL SISTEMA DE INTELIGENCIA AMBIENTAL

El objetivo del sistema en UBITAT 1.0 es el de potenciar la naturaleza social del edificio. Proveer a los visitantes y usuarios del edificio capacidades de inteligencia ambiental, permitiendo una interfaz de uso natural e intuitiva, para potenciar las relaciones de los usuarios, configurar el entorno personal/privado de éstos e integrarse en la ciudad. Para desarrollar el sistema inteligente que controle el edificio y ofrezca mecanismos de interacción a los habitantes con él, se plantea una serie de componentes software en una arquitectura software multicapa:

La Capa de Persistencia es la responsable del almacenamiento del sistema en repositorios de datos. En esta capa se mantendrá información sobre los siguientes componentes.

La Capa de Lógica es la responsable de la coordinación y ofrecimiento de servicios del edificio, además de proveer de mecanismos para la interoperabilidad entre sistemas.

La Capa de Interfaz de Usuario es la responsable de la interacción edificio-usuarios. Para facilitar un uso universal y accesible, se plantea un desarrollo web personalizado según el usuario (perfil de acceso) que interactúe (moradores, visitantes, entes externos) y de la situación de interacción (uso de dispositivo de infraestructura o dispositivo personal). Se desarrollarán aplicaciones nativas para móviles con capacidades avanzadas de interacción (auto-identificación, preferencias...)

Será un edificio con capacidades de razonamiento en base a los perfiles de los usuarios, sus actividades cotidianas y los eventos que ocurran en su entorno para la toma de decisiones de manera proactiva. Se le dota de un cierto nivel de "conocimiento", para que los diferentes habitantes puedan definir reglas para parametrizar o personalizar aspectos de comportamiento que le permitan reconfigurarse o repararse en función de la situación de contexto. A nivel de automatización, se plantea la parametrización de los espacios personales y comunes en base a las preferencias de los habitantes, o eventos que tienen lugar en éstos.

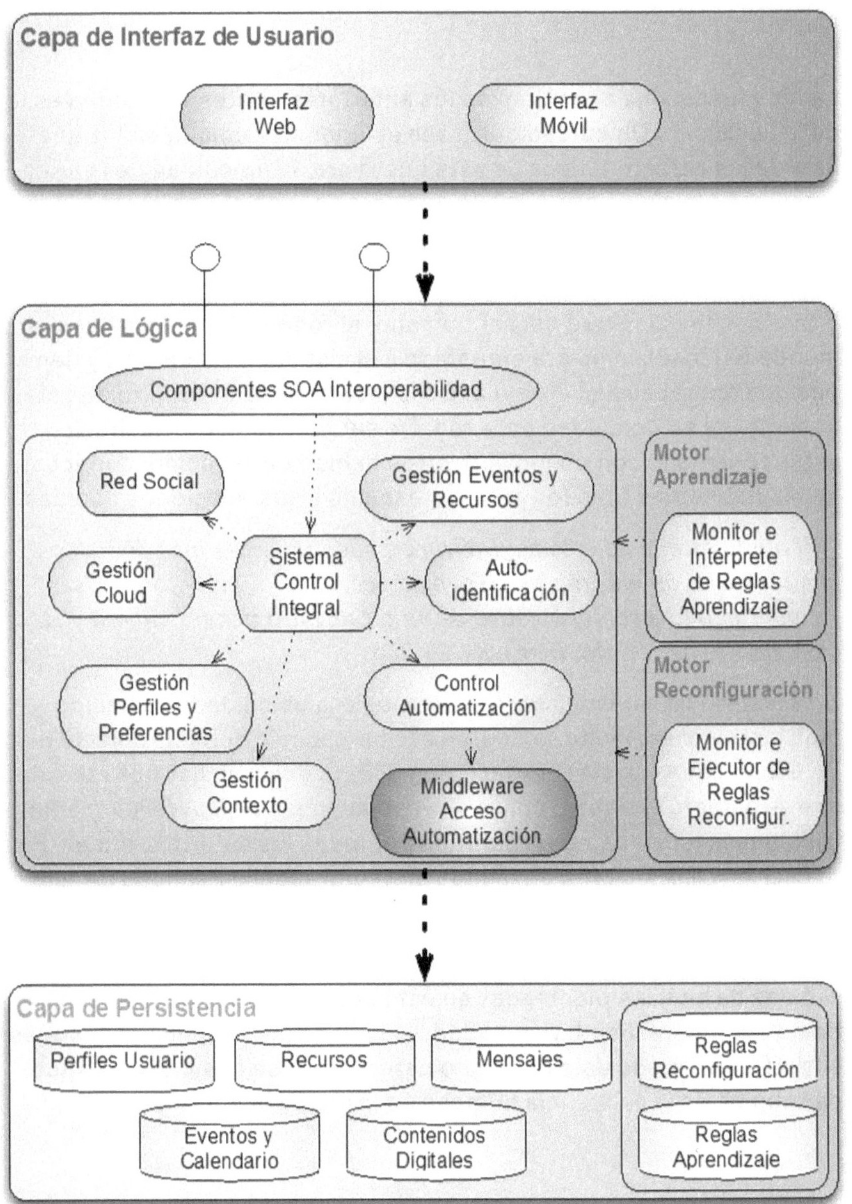

UBITAT 1.0. La arquitectura del sistema de AmI
(M. Cerdá+F. Alcantud+K. Takayama+J. Fons, 2011)

MEME 2: Ubicuidad

La idea fuerza que a resultas de los anteriores puntos se plantea es la
de la UBICUIDAD. Ubicuidad quizá sea el lugar más común en los análisis de las características de esta nueva era, la ubicuidad de la información. Es la causa principal de que esta época haga saltar todas las
concepciones clásicas respecto a espacio, lugar y entorno, tal como
se ha visto.

Y también la ubicuidad del ser humano, al romperse los lazos con el
mundo físico tal como era entendido y el sistema de espacios y tiempos que operaba en el día a día. De la incapacidad del sujeto de estar
ausente, de su ubicuidad en la red. De ser ubicuo por el hecho de
estar conectado con un móvil. Y otros hablan de la sociedad ubicua,
de los habitantes ubicuos del ciberespacio y sus relaciones ubicuas.

*"Mi punto es que no está aquí. Vivimos nuestras vidas más distraídos
que nunca en un entorno físico que parece saberlo: un entorno diseñado
y construido (...) con el objetivo de dirigir nuestro tiempo, dinero y atención en otra parte."* (M. BENEDIKT, 2012, p1).

E incluso se ha hablado sobre el tiempo de la ubicuidad, del tiempo
real, instantáneo, multicrónico, en el ciberespacio del Neuromante de
W. Gibson que mezcla ser y tecnología. Para finalizar, hay que recordar
que se empezó el trabajo con las investigaciones de M. Weiser mediante sistemas tecnológicos repartidos por todos los entornos vitales. Ph.
K. Dick en *Ubik* muestra un mundo en el que aquella Realidad Sensible
de P. Valéry parece construirse alrededor de este concepto.

Es por lo tanto la característica común que parece integrar todas las
escalas de análisis planteadas en este segundo capítulo; espacio,
tiempo, lugar, realidad, virtualidad, y la información aplicada en todas
ellas. De ese modo este concepto parece erigirse como el auténtico
paradigma de la existencia humana en la era de la información.

El "Homo Ubicuo" contemporáneo

LA CONSTRUCCIÓN DE UN ESPACIO COMÚN

En este tercer bloque se analizará cómo esa arquitectura de la persona compleja definida en el primero, puede tomar carta de verosimilitud dentro del entorno cultural tecnológico desglosado en el anterior, desde la nueva sensibilidad hacia una cibercultura a modo de red en código abierto que sería el marco de referencia deseable en la actualidad. Esa construcción de una arquitectura común se entiende desde un doble punto de vista, el de la construcción –común– de lo privado y la construcción de lo común desde la suma de intereses particulares. Y ambos, tanto el en plano físico como en el virtual, como edificación material, como ciudad, como polis, y como edificación virtual de un entorno, de una red de intereses comunes. Se va a analizar a la persona como usuario y productor mediante de las tecnologías descritas de los entornos que le ayudan a construir su realidad, su manera de estar o ser en el mundo, hoy ya entendido éste como global, multidimensional:

"La idea de que el mundo consiste en un conglomerado de modelos (...) abre el potencial para reconocer las diferencias entre individuos. Lo que tenemos en común es que somos diferentes. La concepción del espacio estático y claramente definible pasa a ser, pues, insostenible e indeseable."
(O. ELIASSON, 2007, p. 11)

Se estudiará cómo esa construcción –también física– de los nuevos entornos humanos está filtrada e implementada por unas tecnologías que formarán parte del proceso de manera integral desde su origen, a las que deben parte de su realidad, tendentes a desaparecer, siendo una poderosa tecnología invisible, pero siempre a disposición del usuario.

"Así que el desafío para la próxima década no sólo consiste en ofrecer pantallas más grandes, mejor calidad de sonido y dispositivos gráficos de fácil uso, sino en hacer ordenadores que nos conozcan, que aprendan lo que necesitamos y entiendan lenguajes verbales y no verbales."
(N. NEGROPONTE, 2000, p. 58)

Y acabará buscando qué posibilidad de construcción común desde el punto de vista social, de colaboración, de política en el sentido original del término, se puede vislumbrar hoy como punto, lugar o nodo de encuentro entre diferentes actores que buscan habitar un espacio social, a través de este medio informacional.

"Una nueva forma de producción que se basa en las redes distribuidas sobre Internet, en la reproductibilidad sin coste de lo digital y en una idea de la autoría, que no tiene tanto que ver con la propiedad privada, como con la idea tradicional de los commons, o bienes del común (...) Rheingold describía esta nueva modalidad de los bienes comunes como los innovation commons; otros usan creative commons, y en castellano se viene imponiendo la denominación de procomún o procomunes."
(J. P. LAMA, 2001, p. 3)

El diálogo entre los diferentes factores –humanos y tecnológicos– será el que haga posible esta situación. Retroalimentación, transdisciplinaridad, diálogo, son conceptos que definen la cultura del "coworking"[10] y el "sharing" que merecen la pena ser potenciados y aplicados:

"El objetivo es que la matriz se convierta en un bien común, que pueda ir creciendo y enriqueciéndose con el trabajo de la comunidad de usuarios y desarrolladores, encarnándose en múltiples declinaciones, y generando una red distribuida de espacios públicos que funcionen como laboratorios de cooperación social y tecnológica." (J. P. LAMA, 2001, p. 26)

[10] Actualmente se están desarrollando multitud de espacios, de lugares, bajo la idea del trabajo colaborativo (coworking), tanto en el mundo físico como en el digital (open code), aprovechando incluso para promover la innovación a través de las "start-ups", o entornos de desarrollo de ideas donde confluyen iniciativas públicas y privadas.

Usuario
(Del consumidor al coproductor del espacio)

"La difusión de la tecnología amplifica infinitamente su poder al apropiársela y redefinirla sus usuarios" (M. CASTELLS, 1996, p. 58)

La persona múltiple que se ha analizado en la primera triada, va a ser definida aquí, en un primer nivel, como "usuario" que "usa" un nuevo "servicio", que es el espacio, la casa, la información… por lo que su vivienda deja de ser un objeto de consumo –aunque desde ella y con ella ya hoy se puede consumir y producir – para ser un servicio más, un objeto disponible que sirve a cada persona de una manera más amplia.

Ya no es sólo el refugio del cuerpo, el lugar de la familia, de la relación social y/o individual. Hoy acepta infinidad de escalas adicionales, como servicio integrado en la red de información que llena el espacio común. Ya no existe sólo como sujeto o ser en la red, sino como usuario de un servicio que es el nuevo modelo de espacio que interactúa y necesita de sus semejantes para habitarlo.

La acepción de "usuario" de este servicio, amplía el campo de estudio al del solo habitante del mismo. Habitar hoy contendrá esta característica nueva que es la de usar proactivamente el espacio de la casa, de la ciudad, la red de un modo antes no imaginado.

Sobre este usar proactivamente se incidirá en tres aspectos: En primer lugar se avanza la capacidad técnica de modificación por parte del usuario de dicho entorno. Luego se estudiará cómo este nuevo usuario es fruto de una de las características principales de esta sociedad, que es el individualismo, y finalmente, cómo, desde esa individualidad, entendida aquí de manera activa, positiva, se puede llegar a producir espacio individual y colectivamente.

Un buen referente para empezar a analizar esta situación es de nuevo el "Espacio Aumentado", espacio de datos que permite interactuar con él y redefinir su carácter: *"esta superposición se hace a menudo posible por el seguimiento y el control de los usuarios. (...) la entrega de información a los usuarios en el espacio, y la extracción de informa-*

ción acerca de los usuarios, están estrechamente relacionados"
(L. MANOVICH, 2002, p. 3)

Es el usuario el que define y modifica el espacio, dialogando con la información que él aporta (y la de los otros) y que el contenedor mediado ofrece: *"Las capas de datos dinámicos y contextuales sobre el espacio físico es un caso particular de un paradigma estético general: cómo combinar los diferentes espacios juntos. Por supuesto, el espacio electrónicamente aumentado es único ya que la información está personalizada para cada usuario, se puede cambiar de forma dinámica en el tiempo, y se entrega a través de una interfaz interactiva multimedia, etc..."* (L. MANOVICH, 2002, p. 6)

Este espacio, en principio, resultará individualizado según quién y cómo sean sus usuarios. "La definición del espacio está, en consecuencia, en función de los que viven en él" (M. Augé, 1993, p. 12).

Serán las personas que implementan sus actividades quienes lo "usen" y le den contenido activamente, ampliando su componente existencial. *"En cierto sentido, todo hombre que elige un lugar de su ambiente para establecerse y vivir es un creador de espacio expresivo. Da significado a su ambiente asimilándolo a sus propósitos al mismo tiempo que se acomoda a condiciones que ofrece"* (CH. N-SHULZ, 1975, p. 12).

Porque este nuevo usuario actual es fruto de una sociedad en la que uno de sus "valores" principales es la individualidad: *"Ya no hay grandes líderes que te digan qué hacer liberándote así de la responsabilidad de las consecuencias de tus actos; en el mundo de los individuos, sólo hay otros individuos de quienes puedes tomar el ejemplo de cómo moverte en los asuntos de tu vida, cargando con toda la responsabilidad de haber confiado en ese ejemplo y no en otro"* (Z. BAUMAN, 2006, p. 35)

Esta situación en la que el individuo es el nuevo referente social, puede aparecer como una gran contradicción, visto casi como un oxímoron: *"El individualismo, en fin, ha triunfado tanto que ha llegado a convertirse en un fenómeno de masas"* (V. VERDÚ, 2003, p. 201).

Ejemplos no faltan, los "realities" en los que las cosas más comunes son vistas por millones de espectadores, colocando el plano privado y público en un mismo nivel y haciendo de éste un elemento globalizador de las maneras de pensar y actuar. Ello debe alertar sobre la situación que se está produciendo: *"la otra cara de la individualización parece ser la corrosión y la lenta desintegración del concepto de ciudadanía"* (Z. BAUMAN, 2006, p. 42).

Es ésta una época paradójica en lo social. A mayores capacidades de interacción, de relación, menor capacidad de dialogar el semejante, de cohabitar con él, fundamentalmente debido a una sobreexposición a un mundo cada vez más lleno de información. *"La situación sobremoderna amplía y diversifica el movimiento de la modernidad; es signo de una lógica del exceso y, por mi parte, estaría tentado a mesurarla a partir de tres excesos: el exceso de información, el exceso de imágenes y el exceso de individualismo"* (M. AUGÉ, 1993, p. 6)

Esa visión de la sobremodernidad, aparece como opuesta a la ya lejana caracterización positivista y activa del individuo moderno: *"El tercer término por el cual podríamos definir la sobremodernidad consiste en la individualización pasiva, muy distinta del individualismo conquistador del ideal moderno"* (M. AUGÉ, 1993, p. 7).

Ese individualismo "pasivo", en su versión quizá más extrema, sería el "otaku", de A. Nakamori (MANGA BURIKKO, 1983). El término correcto para la persona enclaustrada sería el de "hikkikomori". Es un término japonés para referirse al fenómeno social que las personas apartadas han escogido abandonar la vida social; buscando grados extremos de aislamiento y confinamiento, debido a factores traumáticos en sus vidas.

Este individuo puntual, aislado, se acerca bastante a otra mirada sobre la condición del individuo, entendido desde una perspectiva previa a la de usuario, que sería la mirada del "ser digital" Negropontiano, cuando lo abstrae en el sentido más "digital" del término, e incluso más coherente con la esencia de la información binaria que construye este mundo. La reductiva y mezquina visión mercantilista de esta sociedad de consumo permite leer al individuo como un ente aislado, apto para ser "usado".

"En la era de la postinformación a veces la audiencia es sólo una persona. Todo se hace por encargo y la información se personaliza al máximo. Se asume que la individualización es la extrapolación de la transmisión selectiva: se pasa de un grupo grande a uno pequeño, después a otro

más pequeño y al final al individuo. En el momento en que tienen nuestra dirección, estado civil, edad, ingresos, marca del coche, compras, hábitos de bebida e impuestos, ya nos han cazado: somos una unidad demográfica de una persona" (N. Negroponte, 1995, p. 100)

La persona es "caracterizada", en muchos casos, desde la propia red, como un consumidor con unos gustos y prácticas definidas por el mismo uso que éste hace de las redes. Se la conoce, se sabe qué compra, dónde y cuándo viaja, tienen todos sus datos. La información le es dada según las webs vistas o comentarios hechos en las redes sociales.

El sujeto actual es información para una red que le devuelve más información. Es un "bit comercial" cazado en una red que le han tendido. El sujeto como bit de información, es hoy una situación muy real, pero no refleja la verdadera esencia del individuo: *"Este razonamiento olvida la diferencia fundamental entre transmisión selectiva y ser digital. Al ser digital, yo soy «yo», no una partícula estadística. «Yo» incluye información y acontecimientos que no tienen significado demográfico o estadístico (...) La demografía tradicional todavía no llega a la escala del individuo digital. Concebir la era de la postinformación como demografía infinitesimal y emisión ultradirigida es tan personalizado como el 'Prepáralo a tu manera' de Burguer King"* (N. Negroponte, 1995, p. 100).

Llegado este punto se hace de nuevo necesaria rescatar una ciudadanía que vuelva a encontrar a sus semejantes en el nuevo espacio público, de lo común, que debe "llenar" el vacío en que se está convirtiendo, en esta época de modernidad líquida, la sociedad de hoy. Lo que hace abogar por una vuelta a lo social, donde la suma de individualidades abra un nuevo campo a lo común, a lo compartido, a la polis. *"Hay más posibilidades –muchísimas más– de las que cualquier vida individual, por larga, industriosa y osada que sea, podría explorar, y menos todavía adoptar. Esa infinidad de oportunidades ha llenado el espacio dejado por la desaparición de la Oficina Suprema"* (Z. Bauman, 2006, p. 67).

Una vez presentada la situación del individuo digital se podrá plantear una alternativa por medio del entendimiento, justamente, de esta individualidad "mediada", no como parte de la "masa informada", sino como productores (coproductores, como se verá luego) de contenidos individuales y en colectividad. Para dar una visión de la persona como usuarios de servicios frente a la idea de consumidor de productos. Es una idea fundamental: Servirse de la red, no ser servidores de ella. Producir antes que consumir, dominar este nuevo medio. Se lanza ahora una idea clave para entender ya a la persona como usuario y productor:

"En la tercera etapa, los usuarios aprendieron tecnología creándola y acabaron reconfigurando las redes y encontrando nuevas aplicaciones. El círculo de retroalimentación entre la introducción de la nueva tecnología, su utilización y su desarrollo en nuevos campos se hizo mucho más rápido en el nuevo paradigma tecnológico (...) Las nuevas tecnologías de la información no son sólo herramientas que aplicar, sino procesos que desarrollar (...) De ese modo, nos encontramos ante una situación realmente nueva: Los usuarios y los creadores pueden convertirse en los mismos." (M. CASTELLS, 1996, p. 58)

Afirmación esclarecedora y de gran importancia para este trabajo, pues el habitante puede pasar hoy al estatus de productor de información, cultura, contenidos, actor capaz de transformar la realidad desde su propia habitación, en un proceso ininterrumpido de feed-back.

"De esto se deduce una estrecha relación entre los procesos sociales de creación y manipulación de símbolos (la cultura de la sociedad) y la capacidad de producir y distribuir bienes y servicios (las fuerzas productivas). Por primera vez en la historia, la mente humana es una fuerza productiva directa, no sólo un elemento decisivo del sistema de producción" (M. CASTELLS, 1996, p. 58)

Con esta idea se abre la puerta a una reformulación en la jerarquía del sistema productivo que también debería aceptar la propia arquitectura: *"La construcción no era cara, los materiales eran reciclados y no pertenecían al habitante de la casa. Se dejaban en alquiler indefinido de modo que era el Estado quien debía asegurar una masa crítica de materiales en circulación. Si la demanda subía, era también el Estado el que liberaba reservas de sus almacenes, de modo que nunca hubiera lugar a la especulación."* (S. P. ARROYO, 2008, p. 2).

De la jerarquía vertical se pasa a una visión más democrática: *"La arquitectura entra en una nueva era de sistemas operativos en la que el estatus del usuario sufre una transformación tan grande como la del arquitecto. El proyecto se sitúa fuera de todo trascendentalismo en una completa horizontalización de la fabricación."* (M. A. BRAYER, 2008, p. 5)

Ello supondría una nueva manera de entender el proceso global y el modo en que los arquitectos –y otros actores– programan, desarrollan y actúan sobre la construcción de sus proyectos: *"Pero la forma del espacio contenedor evolucionaba ligada a los procedimientos de producción industriales, de modo que no estaba siempre en la mano de los arquitectos transformar la forma del contenedor, sino elaborar propuestas de acumulación, circulación o implantación de soportes."* (S. P. ARROYO, 2008, p. 8)

Esto supone un "paso atrás" del arquitecto (metafóricamente, para saltar mejor, como se verá más adelante) en el estatus y relación entre arquitecto y usuario. Muchos serían los campos abiertos por esta poderosa idea de M. Castells que van a guiar esta investigación.

Un ejemplo en este sentido sería el Barrio Nieuw Leyden (Amsterdam), desarrollado por MVRDV. Mediante un CD y una APP, los futuros usuarios pueden elegir los elementos que definen sus viviendas, e incluso el diseño urbano, conociendo el precio a medida que se añaden datos al aplicativo. Es solo un ejemplo primitivo de las posibilidades de interacción entre el usuario digital y la capa de información para definir un espacio urbano, colectivo, social, promovido por la municipalidad. El paso siguiente sería que funcionara en código abierto, de modo colaborativo, algo que es posible ya hoy. Para ilustrar esta idea, bien sirva una imagen de ficción, pero que cada vez es más cercana y real:

"En la novela The Diamond Age *(1995), Neal Stephenson imagina un escenario futuro –que sitúa hacia 2050 en la región de Shanghái–, en el que las casas de la gente normal están conectadas a una red que se denomina The Feed. The Feed –La Alimentación– consiste en un sistema de abastecimiento de materias primas atómicamente puras, y de interfaces domésticas que son unidades de fabricación nanotecnológica, que permiten manufacturar en casa bienes y objetos de consumo*

cotidiano (...) En primera instancia, este modelo nos resulta atractivo y deseable. Sin embargo, descubrimos en el desarrollo de la novela que existe un movimiento revolucionario, clandestino y temido por muchos, cuyo enemigo es precisamente el Feed (...) "Defiende una tecnología diferente, que se denomina The Seed – La Semilla. Las tecnologías de La Semilla, promovidas por un movimiento llamado Cryptnet, permitirían que la gente sintetizara, reciclando, sus propia materias primas, y por otro, funcionaría como un sistema de archivos abiertos y libres... Frente el modelo centralizado del Feed, el Seed plantea un modelo en red radicalmente abierta que acabaría con el control por parte de las corporaciones de los nodos críticos del sistema de producción material..."
(J. P. LAMA, 2009, p. 1)

Sirva esta utopía posible para entender las capacidades de los individuos organizados para presentar un modelo alternativo a través de su capacidad de gestionar, producir, programar (y reprogramar) el mundo que habitan, de transformarlo mediante las TIC.

IDEA 7: Coproductores de la realidad

Se ha visto cómo la persona entendida como usuario de la red es entendida desde varios puntos de vista, principalmente basados en la "personalidad" asumida por una visión "desde dentro" del sistema.

Las caracterizaciones realizadas por los distintos autores expresan una rebeldía ante la manera de cómo está caracterizando la sociedad de la información al individuo, cada vez menos relacional, más aislado, con la promesa de una mejor socialización mediante el uso de entornos como las redes sociales, "instagrams", "facebooks" y "tuentis" varios.

Lo que se intenta destacar y intenta de que sirva como conclusión, serían algunos comentarios de M. Castells, en los cuales, "desde dentro", que es desde donde realmente se pueden conseguir las revoluciones, plantea una nueva manera de entender a este nuevo sujeto humano, como individuo proactivo, que entra en resonancia con sus semejantes, y a través de los mismos medios que la red le ofrece, es capaz de ponerse al mismo nivel que ella, no sólo como bit de información "negropontiano", sino como "chip vital" que produce nuevas potencias.

La palabra clave que se extrae de este apartado es la de coproducción. La capacidad de la persona, de la mente humana como fuerza productiva directa –junto con la de los otros– de producir conjuntamente una nueva realidad común.

Pasar del individuo, a lo social, mediante el uso intencionado y político de la tecnología. Realmente esa es la intención original de quienes en su momento, crearon la World Wide Web, el espíritu "hacker" era, y es, aún, hoy, como M. Castells (2015), recuerda, parte de su esencia original, y es algo que ofrece una libertad con la que es fundamental trabajar y de la que se debe extraer todo lo positivo que en ella hay.

Flexibilidad
(Del cambio físico a la potencia de uso)

"Los seres humanos son increíblemente flexibles y, como resultado, pueden adoptar y adaptar el espacio que ocupan." (R. KRONENBURG, 2008, p. 167)

La flexibilidad es quizá, una de las palabras "fetiche" de los arquitectos. Parece ser una necesidad a la hora de hacer arquitectura, para conseguir una mayor calidad de los espacios, asumiendo así los cambios y las necesidades del usuario. Hoy no se concibe la generación de una arquitectura que no sea flexible, adaptable, que sea reflejo de las personas que la habitan, si se quiere responder a esta era de cambio. Pero aunque hoy sus maneras de vivir han sido ya mediatizadas por las TIC, eso es algo a lo que la vivienda actual aún no ha dado respuesta:

"La ubicuidad de las tecnologías de la información hacen que este tiempo alterno se diluya. Nuestra vivienda es un espacio igual de mediado que cualquier otro en el habitamos diariamente. Por lo que la forma de habitar la vivienda es distinta, y el diseño y concepto de esta entran en crisis." (P. GONZÁLEZ, 2010a, p. 2)

Por lo tanto, si el ser humano ya es flexible de por sí, siendo capaz de modificar, adaptar, transformar cualquier entorno para su bienestar (Ortega y Gasset), y las nuevas tecnologías nos aportan un grado de potencialidad hasta ahora desconocido, siendo activadas por las personas que la habitan, se lanza al aire la siguiente pregunta:

¿No será cualquier arquitectura flexible por la simple acción humana?

Quizá se deba empezar por entender dentro de qué marcos de referencia plantear el término "flexible" hoy. Para integrar en él los múltiples niveles de complejidad relacionados con la propia arquitectura, los procesos, la sociedad que lo demanda y las tecnologías aplicadas.

Por ello el concepto de flexibilidad no sólo debe entenderse desde el componente matérico o técnico del espacio, únicamente desde la propia arquitectura. Eso es irrenunciable. Existen una serie de niveles de aproximación al problema que se deben analizar. Estos niveles son tres: El técnico-arquitectónico, el de gestión-económico, y el socio-cultural.

En el nivel técnico-arquitectónico, la flexibilidad se puede plantear mediante múltiples aspectos como son la definición física del espacio habitable y la dotación tecnológica del mismo, desarrollando ideas sobre el carácter, posición e hibridación de espacios, la perfectibilidad[11] o evolutividad[12] de éstos, entendiendo la casa como suma de partes no siempre conexas[13] o analizando los tradicionales sistemas modulares.[14]

En el nivel de gestión-económico, se debe transformar la idea de vivienda como bien de consumo-inversión, para dar paso a la idea de bien cultural, reflejo de los nuevos modos de vivir que la sociedad reclama. Planteando sistemas de gestión alternativos a la compra o alquiler, como cooperación, empresas de gestión externas, la promoción de los espacios comunes, interiores y exteriores, acordes a su entorno climático, lo que supone también un grado de sostenibilidad.

En el nivel socio-cultural, se debe redefinir el papel activo del ser humano en la generación de espacios habitables, privados y comunitarios, para devolver al mismo la capacidad de pensar la arquitectura como un campo de coparticipación y compromiso basado en la integración de las nuevas tecnologías en el proceso.

Aparte de las clásicas consideraciones en cuanto al tipo de familia y número de actores en el espacio habitacional, de las modificaciones que el teletrabajo produce en su seno, de su movilidad, y otros aspectos bien conocidos acerca de las tecnologías aún domóticas, es bueno no olvidar el carácter real de la misma ligada a su pertenencia a un sistema económico determinado, a su relación con los métodos de producción:

---

[11] Ver I. Paricio y X. Sust: *La Vivienda Contemporánea. Programa y Tecnología*, pp. 67-68, ITEC Barcelona, 1998.

[12] Ver proyectos tipo "vivienda semilla", en *Time Builds*, G. G, Barcelona, 2008.

[13] Ver la idea de vivienda dispersa de X. Monteys, *Casa Collage*, pp. 144-149, G. Gili, Barcelona, 2001.

[14] Para este nivel resulta interesante el trabajo de P. Fernández Lorenzo: *Hacia una vivienda abierta concebida como si el habitante importara*. Diseño. Buenos Aires, 2015.

"El diseño de las viviendas que conocemos, corresponde a la división del tiempo fordista. Existía un ideal en el que tras el tiempo del trabajo en la oficina o la fábrica, uno volvía a la vivienda en el tiempo del descanso" (P. GONZÁLEZ, 2010a, p. 1).

Pero hoy en día se trabaja y reside cada vez más en el mismo espacio, incluso fuera de la vivienda, donde más tiempo se pasa. Los espacios del ocio y el negocio son, cada vez más, el mismo. Sin embargo, *"Las viviendas actuales no reflejan los deseos de la sociedad, ni resuelven las funciones productivas de sus habitantes y la apropiación que tienen de las nuevas tecnologías. Es el momento de repensar otra vivienda"* (P. GONZÁLEZ, 2011, p. 3).

Este es el contexto en el que aparece la necesidad de plantear alternativas que integren las TIC en el interior de las viviendas de principios de milenio. Un ejemplo posible sería el proyecto Urban Camping, que nace de los talleres "The Bankruptcy of Architecture (KAM Workshops 2010). En él se plantea una visión "alternativa" para rehabilitar espacios existentes. No sólo se está hablando de la construcción de obra nueva, sino de flexibilizar lo existente, de manera aplicada, con nuevos usos, ligados a sus situaciones particularizadas.

"Lo que la gente busca hoy es 'la propiedad de lo efímero', basado en pequeñas cápsulas de espacio con el equipamiento necesario para satisfacer sus necesidades: un sistema flexible que les permita la habitación, trabajo y movilidad. Este esquema puede ser adaptado a edificios que van quedando en desuso, creando una red de campamentos urbanos." (E. BARAONA y C. REYES, 2011, p. 4)

Las ideas de arquitectura efímera, de sistema flexible, de adaptación, y de campamentos urbanos, van a ser implementadas en este discurso. *"Los pisos del edificio se enfocan a las actividades de carácter privado y en cualquier lugar se podrá alquilar indistintamente la unidad de habitación, la estación de trabajo, la cocina, la unidad de cuarto de baño y de esta forma, cada persona tiene la posibilidad de crear su propia 'micro-vivienda' temporal, adaptada a la constante movilidad de los usuarios".* (E. BARAONA y C. REYES, 2011, p. 5). En esta propuesta, el sistema de alquiler es protagonista, pudiendo alquilar espacios rehabilitados sumando el componente tiempo al resto de factores.

Otro proyecto ubicado en estos parámetros de trabajo se enmarca en el "Cloud Housing", que coincide plenamente con lo que en el apartado anterior se ha dicho al hablar del usuario, al pensar ahora el binomio casa + tecnología como un servicio, no producto de consumo. *"Esta es la propuesta que lanzan desde Vida + Fácil, un concepto de vivienda que potencia la flexibilidad y la comunidad para aproximar el mercado inmobiliario a las necesidades de las personas para encontrar una salida sostenible de la crisis de la vivienda: le llaman cloudhousing. La pieza clave del cloudhousing son edificios que combinan pisos, espacios comunes y servicios comunes para los usuarios bajo un modelo de pago por uso."* (E. BARAONA y C. REYES, 2011, p. 5)

De nuevo aparecen aquí las ideas de flexibilidad y comunidad. El concepto de flexibilidad se entiende aquí siempre desde una óptica mayor que el simple de la distributiva de espacios o modificación de los mismos para un usuario tipo o un modelo tipo de sujeto del que nunca se conoce su identidad, como el positivismo moderno desarrolló.

Porque en el fondo, *"¿Cuál es el contexto para la arquitectura flexible? (...) Las necesidades fisiológicas humanas son sencillas: permanecer calientes y tener suficiente comida y bebida. Esto se puede ampliar con las necesidades psicológicas: sentirse seguro y querido. El éxito de la raza humana reside en nuestra habilidad para ser flexible."* (R. KRONENBURG, 2007, p. 14)

Como una de las posibilidades a la hora de dar flexibilidad a un espacio, K. Sejima defiende que la arquitectura es flexible sólo por el mero hecho de que las personas ponen en ella sus muebles –al modo tradicional de la cultura japonesa–. Su arquitectura diagramática (J. M. MONTANER, 1993), es buen ejemplo de esta idea. Muchos autores han intentado desacralizar la idea de flexibilidad como acción estrictamente constructiva, llevándola al campo de la acción humana, como p. Ej. A. Rossi: *"Insistirá en que 'siempre he afirmado que los lugares son más fuertes que las personas, el escenario más que el acontecimiento'. Esa posibilidad de permanencia es lo único que hace al paisaje o a las cosas construidas superiores a las personas"* (J. M. MONTANER, 1993, p. 139).

Y añade una idea fundamental para esta investigación, que se analizará para investigar su pertinencia actualmente: *"Varias décadas de reutilización de edificios históricos para nuevos usos nos han demostrado ampliamente lo que defendía Rossi: la forma es más fuerte que cualquier atribución de uso e incluso la máxima precisión arquitectónica favorece una mayor libertad funcional, un posterior cambio de destino"* (J. M. MONTANER, 1993, p. 140)

Esta situación aparece cíclicamente reflejada en la práctica cotidiana: "Las viviendas históricas en los cascos urbanos europeos ofrecen mayor flexibilidad para organizarlas en lo productivo / reproductivo dado que fueron proyectadas en una época en la que tal división no existía (...) *También entre la oferta de viviendas históricas precarias resultado de divisiones y subdivisiones de propiedad se encuentra una oferta más diversa para integrar la oficina en casa que en la vivienda de producción en masa"* (E. BARAONA y C. REYES, 2011, p. 2).

Todo ello llevará a plantear una idea de flexibilidad bastante alejada de la más tradicionalmente aceptada como la de la modificación predeterminada de espacios mediante mecanismos móviles y técnicos. Desde las propuestas modernas (G. Rietveld, Le Corbusier, S. Holl, etc...), hasta las derivadas del espacio como sistema de objetos ya revisada anteriormente, todas quedan anticuadas para el objetivo aquí.

Suponer que esa pre-subdivisión emanada de la mente de un diseñador que no ha vivido en un espacio es flexible es, en este contexto, mucho decir. Pensar que la persona va a hacer flexible el espacio según los parámetros del arquitecto es mucho suponer para esta visión, o como mínimo, resultará parcial. Hoy se debe integrar al usuario y sus tecnologías, capaces de modificar la arquitectura, en la ecuación.

La casa "vivida" (T. ITO) recuerda que existe ese habitante final. Tanto por la propia experiencia, como por los ejemplos, en este caso, del trabajo de N. J. Habraken (1979), al estudiar la evolución de las viviendas a lo largo del tiempo, lo demuestran. Además, es fundamental la inclusión en la categoría de flexibilidad de los espacios "antiguos", ya existentes, construidos muchísimo antes que la flexibilidad existiera como categoría en el catálogo de conceptos de la arquitectura.

En este sentido, se hace pertinente la división que hace R. Kronenburg (2007), sobre cuatro modelos de flexibilidad en los edificios: Adaptar, Transformar, Trasladar e Interactuar. Bajo el signo de las

TIC, resulta más coherente centrarse en el primero y el último, adaptar e interactuar. Sobre el primero comenta: *"Adaptar incluye edificios que estén diseñados para ajustarse a distintas funciones, usuarios y condiciones climáticas. Es una arquitectura que tiene una forma amplia y se denomina a veces "espacio abierto"* (R. KRONENBURG, 2007, p. 7).

Es quizá su último modelo el que más se acerca a este estudio. Sobre la arquitectura que pertenece a la categoría Interactuar, expresa: *"relacionado con la interacción, aunque es un rasgo claramente diferente, el paradigma de la Tecnología de la Información se basa en la flexibilidad. No sólo los procesos son reversibles, sino que pueden modificarse las organizaciones y las instituciones e incluso alterarse de forma fundamental mediante la reordenación de sus componentes. Lo que es distintivo de la configuración del nuevo paradigma tecnológico es su capacidad para reconfigurarse, un rasgo decisivo en una sociedad caracterizada por el cambio constante y la fluidez organizativa"* (R. KRONENBURG, 2007, p. 7)

Sin duda es uno de los campos de trabajo más atractivos en la actualidad, implementar programas de generación y gestión del objeto arquitectónico ligados a la experiencia humana del habitar: *"La aspiración de la construcción inteligente consiste en integrar sistemas de sensores que evalúen el entorno interno y externo (...) el edificio coopera con sus moradores para conseguir los mejores resultados posibles (...) una arquitectura que percibe las necesidades de la gente y modifica su entorno porque dispone de los mecanismos necesarios para hacerlo (...) cambia de aspecto, ambiente o forma al sentir la necesidad del cambio, y responde a ella automáticamente"* (R. KRONENBURG, 2007, p. 210)

Prácticamente todos los ejemplos anteriormente mostrados muestran que este nuevo horizonte es ya técnicamente posible gracias a una tecnología implementada físicamente en dichas arquitecturas, simbiótica a ellas. El objetivo es una arquitectura que *"Utiliza sensores que pueden recibir señales directamente de individuos o grupos, a partir de los dispositivos (...) como teléfonos móviles, PDA u ordenadores (...) Estos sensores ponen en marcha actuadores que pueden provocar una serie de acciones: sistemas cinéticos que alteran el espacio, servicios que modifican el entorno o materiales que cambian su estado. La arquitectura interactiva permite a las personas comprometerse con la arquitectura, no como seres pasivos que existen en una serie estática de condiciones, sino como individuos que ejercen influencia en el espacio en el que habitan."* (R. KRONENBURG, 2007, p. 210)

Supone así un carácter proactivo de unas arquitecturas líquidas que emana de la presencia y aplicación en ellas de las TIC: *"La arquitectura líquida reclama una flexibilidad proactiva. No se trata de abrir espacio a más posibilidades sino de abrir el concepto mismo de lo posible (...) Los arquitectos deben sustituir la flexibilidad pasiva de la neutralidad con una flexibilidad activa de la vaguedad"* (L. ARENAS, 2011, p. 25)

IDEA 8: Potencialidad del espacio

La flexibilidad ha sido buscada casi como objeto de deseo por los arquitectos a lo largo del último siglo de manera recurrente. Quizá en parte para evitar parte la rigidez inicial y final que asume del hecho construido como bien reflejaba la frase de S. Brand: *"Arquitectura es predicción. Toda predicción es un error"* (1994). Arquitectura físicamente construida como error. No es banal esta afirmación, pero tampoco se debe ver como una reflexión negativa. La arquitectura debe equivocarse, o mejor, debe estar equivocada para poder albergar diversidad de planteamientos, personas, vidas, contrarias, complejas e incluso incompatibles entre sí, la complejidad de la realidad humana.

O. Fogué expresaba en una animada charla esta idea diciendo que, en el fondo, "los arquitectos siempre estamos haciendo ciencia ficción". Así es, se imagina un mundo físico, real, para albergar una serie de de posibilidades "virtuales" que están por llegar. Cuáles sean las técnicas y los medios, dependerá del momento histórico, serán cuestiones más bien físicas, pero el objetivo de la arquitectura, siempre, será algo virtual. A través del diálogo y la interacción, la arquitectura alcanzará grados de certeza, superando el error inicial. Por ello flexibilidad es humanidad. *"La flexibilidad no se encuentra en el diseño de los arquitectos, sino en el uso y en las personas que habitan un espacio a lo largo del tiempo"* (A. Ferré y J. Salazar, 2007, p. 20).

Esta parece una buena idea de comienzo en el marco de una arquitectura, que hoy es un espacio mediado –lugar informatizado– donde estas reflexiones parecen ser de lo más apropiadas. Lo que parece claro, pues, del estado de la situación, es que la flexibilidad contemporánea vendrá determinada por las acciones –naturales y mediadas– que los usuarios implementen en los espacios. Una potencialidad bidireccional que abre el campo de la flexibilidad tradicional a un horizonte mucho mayor y complejo gracias al uso de las TIC, ya que la persona es hoy una entidad más amplia y las tecnologías que la relacionan con la arquitectura también lo son.

Materialización
(Del proyecto predefinido a la cultura del mix)

"La fabricación digital es indiferente a las formas de la repetición propias de la producción convencional. A una máquina de corte informatizada, calcular y cortar cada pieza (...) a longitudes diferentes (...) no le supone más tiempo que hacerlas todas iguales" (S. ALLEN, 2009, p. 50).

La arquitectura hoy parece no tener sentido fuera del ámbito de la producción mediante sistemas de control digital. Es el comienzo de un nuevo modelo de industria para la fabricación del hecho arquitectónico, como evolución del concepto de prefabricación que ha ido tendiendo a la simplificación del proceso y acercamiento a la escala humana.

La primera época fue la de una prefabricación "dura", estructurante, tecnológicamente avanzada, que dependía en grado sumo de las capacidades de la industria y dominada por las empresas productivas que eran las que luchaban por desarrollar tipos y modelos que pudieran competir en precio y calidad con las realizaciones más tradicionales.

La segunda época se resume como la de la "low-tech", o de prefabricación "blanda", basada en elementos de menor dimensión, mucho más cercana al concepto de bricolaje, intercambio y autoconstrucción, que la propia persona podía dominar e incluso modificar, permitiendo incorporar en el proceso a ámbitos productivos diferentes de los solo arquitectónicos, como los centros comerciales generalistas y tiendas de mobiliario para la casa.

La tercera época, sería la que provocan las TIC, y se podría denominar como la era de la "own-tech". Los aparatos, mecanismos, y tecnologías portátiles que se desplazan con el habitante son las que van a reconfigurar, modificar y reconstruir este nuevo espacio. Derivada directamente del mundo de la nanotecnología, la nueva cultura del "corta y pega" se hace un lugar en la fabricación de los espacios.

Hoy es ya una realidad el diseño paramétrico, las impresoras 3D, el control numérico de fabricación. La estandarización moderna ha dado paso a la individualización y diferenciación contemporánea.

El Guggenheim de F. Gehry[15] podría haber sido el primer ejemplo construido. *The Diamond Age* (1995), sería el límite conceptual hoy.

Este entorno de trabajo se produce directamente en los fablabs, o laboratorios de fabricación digital, que surgen de integrar las posibilidades del diseño digital con la utilización de las maquinarias CNC (Computerized Numerical Control o Control Numérico Computerizado). Consisten, principalmente, en la fabricación material de objetos reales mediante maquinarias tipo impresoras 3D, que leen los archivos digitales surgidos de los programas de diseño actuales.

Hoy se están produciendo ya materiales de construcción en ese sentido, desde ladrillos "nativos digitales" hasta mobiliario, utensilios, objetos y elementos del mundo de la construcción de mayor escala tipo revestimientos de fachadas y similares. Fue el Guggenheim de Bilbao el último ejemplo de una arquitectura en el momento del cambio, donde el arquitecto aún trabajó con modelos físicos (maqueta) para crear un edificio que hoy sería infinitamente mucho más sencillo con la utilización de estas nuevas tecnologías. Ello hace valorar como parte fundamental del trabajo el uso de éstas incluso desde el inicio del proceso de diseño, pues ello permite imaginar nuevas maneras de acometer el proyecto, más allá de los criterios formales que se derivan de una primera lectura.

Estas cuestiones eran básicas en el proceso de proyecto moderno. La estandarización y prefabricación de elementos constructivos era un ideal deseado por muchos arquitectos para hacer casas como coches, apoyados en la perfección técnica, la eficiencia y la imagen de unas máquinas para habitar que inundaron el siglo 20.

Poder modelizar, repetir y montar en seco fue una de las conquistas que el proyecto moderno alcanzó, si bien no llegando a producto de consumo generalizado, si al menos como objeto teórico y parcialmente construido en un buen número de ejemplos canónicos. *"Waschmann produjo un sistema técnicamente genial basado en paneles de contracha-*

---

[15] Ver el artículo "Arquitectura en la época de la revolución digital", de F. Massad y A. Guerrero en *Experimenta*, julio, Madrid 2003.

pado y un sistema de unión extremadamente ingenioso que permitía unir paneles de cualquier manera imaginable. Se invirtió una cantidad enorme de dinero en su proyecto (...) Unas pocas docenas de estas casas fueron hechas en la fábrica, ninguna fue vendida" (C. DAVIES, 2008, p. 148)

Frente a esa concepción "rígida", sólida, se anuncia hoy la posibilidad de crear una arquitectura de piezas diferentes para cada ocasión, individualizadas para cada persona y caso en concreto. Además sin aumento alguno de costo, rompiendo así las barreras entre una arquitectura estandarizada para todos, en favor de la arquitectura particularizada para cada individuo, realizada por múltiples actores del proceso de producción, no sólo los arquitectos sino también las administraciones públicas, los fabricantes, gestores, e incluso sus usuarios: *"El arquitecto holandés Kas Oosterhuis ha creado una estrategia de casas de producción en serie que utiliza Internet como herramienta de diseño. Permite a los potenciales compradores registrarse y crear su propia variación sobre un objeto diseñado reconocible denominado Casa Variomatic"* (R. KRONENBURG, 2007, p. 95).

Muchos apuestan ya por esta arquitectura, cuya intención final, es acercarse al usuario concreto, no inventar una nueva forma o imagen que añadir a este sobrediseñado mundo, y que estos objetos no deriven en el mero formalismo: *"Existe un concepto estratégico que determinará la forma que tomará la arquitectura estándar de los años venideros, el concepto de asociatividad (...) La asociatividad es el método de software para construir el proyecto arquitectónico en una larga secuencia de relaciones, desde las primeras hipótesis conceptuales hasta la dirección de las máquinas que prefabrican los componentes que deberán montarse en la obra"* (P. BEAUCÉ y B. CACHÉ, 2009, p. 101).

Nuevas formas de hacer y de generar el proyecto están emergiendo, bajo la idea de "transdisciplinaridad". Se refiere al trabajo colaborativo de carácter horizontal y reticular como base de dichas situaciones: *"D. Barb introduce el término 'remixability' colaboración. Creo que los aspectos más interesantes de la Web 2.0 son las nuevas herramientas que exploran la continuidad entre lo personal y lo social, y las herramientas que están dotados de una cierta flexibilidad y la modularidad que permite la colaboración modular un proceso de transformación en*

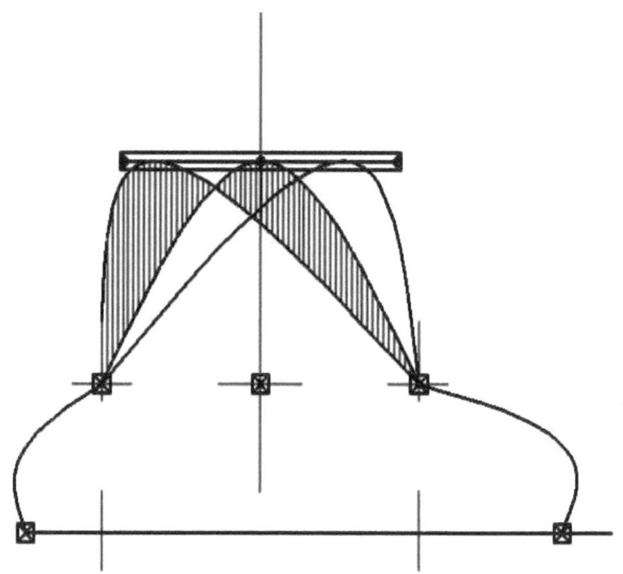

Variomatic House (Kas Oosterhuis, ONL, 2002)

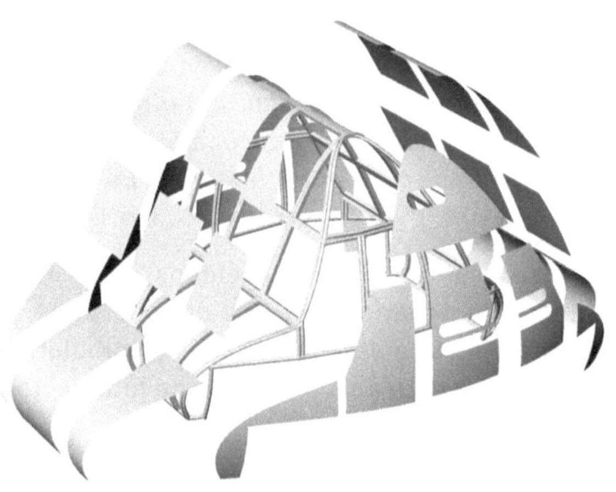

Variomatic House (Kas Oosterhuis, ONL, 2002)

*el que se encuentra la información y los medios que hemos organizado
y compartido y se basa en crear nuevas formas, conceptos, ideas, mas-
hups y servicios"* (L. MANOVICH, 2005, p. 1)

Un ejemplo sería el proyecto Web of North Holland (K. Oosterhuis),
para la Floriade de 2002, y trasladado en 2006 a Delft. Cuando el edificio fue demolido en 2014, ONL donó el edificio llamado iWeb al dominio público subiendo los componentes de datos de diseño y construcción a GitHub. El iWeb se encuentra actualmente bajo una licencia
Creative Commons Attribution-ShareAlike. Multitud de capas pueden
así intervenir hoy en el proceso constructivo, dando lugar a una nueva
visión que integre todos los factores a la vez: *"Es interesante imaginar
una ecología cultural, donde todo tipo de objetos culturales, independientemente del medio o material están hechos de Lego como bloques de
construcción. Los bloques vienen con toda la información necesaria para
copiar y pegar fácilmente en un nuevo objeto –ya sea por un humano o
una máquina. Un bloque sabe cómo acoplar con otros bloques –y que
puede incluso modificar para permitir el acoplamiento."* (L. MANOVICH,
2005, p. 2)

Bloques constructivos "con" información, que entienden el proceso en
el que se insertan y permiten alterar, modificar y ajustar el proceso en
tiempo real. Materiales "llenos" de información, para hacer arquitectura:
*"La noción estándar del siglo XX de modularidad cultural ha involucrado
a artistas, diseñadores o arquitectos que hacen obras acabadas desde el
pequeño vocabulario de formas elementales, u otros módulos. El escenario en el que trabajo propone un tipo muy diferente de la modularidad que
puede parecer una contradicción en los términos. Es modularidad sin un
vocabulario definido a priori"* (L. MANOVICH, 2005, p. 3).

Esa modularidad sería una modularidad Open Code,[16] dispuesta a ser
trabajada por múltiples usuarios, interaccionando, en un proceso de
feed-back colaborativo, para definir múltiples vocabularios, todos
ellos posibles, gracias a este nuevo sistema de fabricación. De ahí se

---

[16] El término se refiere al software o hardware distribuido en la red desarrollado libremente, pudiendo el usuario variar la fuente de un programa determinado sin restriccio-
nes de licencia.

I-Web (Kas Oosterhuis, ONL, 2006)

I-Web (Kas Oosterhuis, ONL, 2006)

deriva otra idea fundamental: *"Vivir en el espacio electrónico, como toda interacción social, presupone una política"* (A. PISCITELLI, 2002, p. 108).

Pero este obligado tinte político de la fabricación colaborativa, debe aparejar un proyecto social. *"De lo que se trata ahora es definir las acciones que tienen lugar cuando la mente se pone a crear, analizar y compartir textos. En vez de proyectar los mecanismos internos de la mente en la máquina debemos experimentar entornos sociales (clases, oficinas, lugares de encuentro) como mecanismos de interacción y colaboración, incorporando estos procesos sociales en la máquina"* (A. PISCITELLI, 2002, p. 140).

Pues bien, en este contexto de la necesidad de producción de espacio social a través de las nuevas tecnologías, existe esa inherente posición política como usuarios del espacio. Del espacio de los flujos, que se encuentra lleno de datos, nunca vacío, que cuenta con su propia estructura, y asume en su esencia una política y poética que hay que desvelar. (L. MANOVICH, 2002, p. 15). Ello supone entender, de manera comprometida la capacidad proactiva de los usuarios para con los medios. Y en ese sentido se plantea lo colectivo como fin de lo individual, para luchar contra el individualismo de la sociedad actual.

Sería una imagen cercana a la de "ágora digital", "Telépolis"... Pero esto no es posible si el individuo no es consciente de la gravedad de la situación y si no se compromete en una nueva manera de entender incluso los aparentemente rígidos conceptos de estado, nación, que Z. Bauman ya desveló como cada vez más "líquidos".

"... el cosmopolitismo ha de estar fundado en individuos cosmopolitas que se asocian libremente entre sí, trascendiendo las fronteras territoriales que definen la existencia de los Estados" (J. ECHEVERRÍA, 1995, p. 165).

Este sentido libertario/propositivo de esta visión define una manera de estar en el mundo, para crear espacios de relación de carácter digital. Activar los dispositivos humanos y tecnológicos para crear una nueva situación, nuevos lugares, donde espacios y tiempos múltiples se encuentran para definir un entorno social comprometido. *"En contraste con el paradigma racionalista clásico, la identidad cyborg sustituye los ideales albertianos-miesianos de armonía, pureza, perfección y naturaleza por aquellos otros de organización en red, descentralización, intercambiabilidad y continua transformación. La arquitectura cyborg es producida por redes de grupos de afinidad"* (J. P. LAMA, 2003, p. 19)

Entendida como arquitectura de personas y dispositivos digitales interactuando, con nuevas miradas y postulados. Aparece una nueva manera de pensar la realidad hoy, con categorías complejas y no homogéneas ni inmutables: *"Estamos empezando a pensar con conceptos móviles, propios de estéticas de la transición, nos falta por pensar con conceptos híbridos, propias de las estéticas transitivas. Y este es el proyecto"* (J. L. MOLINUEVO, 2006, p. 140).

Proyecto activado hoy por las nuevas generaciones de arquitectos, nativos digitales, que en su ADN incorporan la necesaria potencialidad de la interacción, de la mezcla y transversalidad del trabajo compartido:

"Mientras que starchitects como Rem Koolhaas, ironizan, quizás registrando con copyright algunos de sus conceptos arquitectónicos (...) y patentando algunas de sus soluciones formales (...) investigadores de generaciones más jóvenes vienen especulando y experimentando sobre la posible relevancia de los modelos del software y la cultura libres para la arquitectura, la ciudad y el territorio" (J. P. LAMA, 2001, p. 111)

IDEA 9: La cultura del mix, de la hibridación

Resulta evidente cómo el fordista concepto de producción en serie ha entrado en crisis, como casi todas las verdades de la Modernidad Sólida que ilustraba Z. Bauman. Desde cualquier sistema de producción, hoy se tiende a construir la diferencia, lo múltiple, lo posible, lo subjetivo, por el mismo precio, de mejor calidad y más rápido. Ése es el reto.

Para ello hay que integrar todos los factores de una manera transdisciplinar, en la que cada uno interviene modelando, actuando sobre los otros, en un continuo proceso de feed-back que hace que el producto final nazca, múltiple, lleno de intenciones. Y ello es posible por unas tecnologías de fabricación, que como se ha visto, permiten pensar el objeto construido y el propio proceso de una manera diferente planteando un contexto mucho mayor, el del trabajo de proyecto, su proceso mismo. La cultura del "Mix", desde una mirada común, permite repensar la fabricación de un entorno nuevo, colaborativo y social.

Una sociedad hoy, como colectivo de individuos formados, informados e informatizados, capaces de sobrepasar un habitar individual y autista por una nueva visión en la que, trabajando y dialogando desde dentro del propio medio permita crear nuevas realidades globales. Una sociedad que mediante una actitud política permita desarrollar otros escenarios de lo común, de lo social, en código abierto, para recibir inputs de todos y cada uno para crear un nuevo modo de habitar el espacio común.

Los espacios de los flujos activados por la ciudadanía que se plasman, reales, concretos, complejos e híbridos a través de una necesaria mirada dialogante, política. Contando para ello con unas herramientas de potencial inmenso (TIC), que pueden ayudar de al desarrollo de un entorno nuevo basado en la mixtura, el diálogo.

MEME 3: Compromiso

La tercera idea fuerza que emerge aquí es la del COMPROMISO. Compromiso multinivel, a diferentes escalas. Compromiso individual y el diálogo entre las personas que habitan un espacio residencial, buscando puntos de encuentro, haciendo de la implementación de sus particularidades y las de sus avatares un lugar donde ampliar sus capacidades personales. Compromiso también en la creación de sistemas de relación social que permitan mejorar y modificar los ámbitos urbanos, los espacios comunes, con la intención de conseguir mayor relación entre las personas, colectivos y grupos. Compromiso para transformar una sociedad entendiendo que se está ante una oportunidad histórica de canalizar este potencial que significa la ubicua expansión de las TIC en todos los ámbitos vivenciales, y trabajar para extraer todas las posibilidades para una vuelta a lo social, a lo común.

Se debería recordar cómo M. Castells, en una conferencia en la UAB, matizaba que pese al origen militar de Internet, su uso nunca ha sido predominantemente éste, y seguía defendiendo el carácter eminentemente democrático y abierto de la red. Del mismo modo, en una entrevista en *La Tuerka* (2015), recuerda que el espíritu "hacker" aún impera en ella y usar la misma para dar servicio a la sociedad, es una libertad real que hay que aprender a conquistar. Ejemplos como "Benimaclet Entra", "Esta es una plaza", "¡La Colmena dice sí!", "Campo de Cebada", "Social Street", o "People Supermarket", no hacen sino desarrollar hoy estrategias colaborativas urbanas, tanto a nivel de relación como de consumo justo, apoyadas por la interacción de las TIC.

Usuario, Flexibilidad, Materialización, conceptos que se han analizado buscando una arquitectura alternativa por parte de una sociedad que entiende la tecnología como un servicio y no como producto de consumo, buscando fórmulas para llegar a acuerdos. Planteando la necesidad de que realmente "llegue" este modelo tecnológico también a las personas que más lo necesitan que deberían poder disfrutar de la construcción de un espacio habitable gracias a las nuevas tecnologías.

HABITAR HOY

*"La interacción del usuario con otra
gente coproduce el espacio que, a su vez,
es un coproductor de interacción"*

O. ELIASSON, 2009, p. 7

¿QUÉ SIGNIFICA HABITAR HOY?

Hoy es más necesario que nunca encontrar el nexo que recupere la experiencia del habitar, en esta fase de cambio. *"No parece que encontremos actualmente el tiempo necesario para reflexionar sobre los significados más elementales que atañen a nuestra profesión, como es el hecho simple del habitar. Parece más bien que la vorágine de sucesivas modas que luchan por alcanzar mayores cuotas de poder devoran, no sólo ya los restos de épocas pasadas, en las que sí se esperó contestar a estas cuestiones, sino la esperanza misma de que estas preguntas puedan ser reformuladas"* (A. Rubio, 2011, p. 102).

Si el proyecto moderno basó su fuerza conceptual en la tecnología y el proyecto postmoderno lo hizo centrándose en la persona, el proyecto digital plantea la unión de ambos mundos a través de un nuevo estatus. Habitar ya no es vivenciar la casa, donde parecía tener lugar la expresión suprema de la esencia del hombre. La situación se ha ampliado a un espacio mayor, que recorre todas las escalas, de la más íntima a la global, haciendo que los límites entre lo privado y público, interior y exterior se mezclen en un nuevo espacio compartido, donde se completa la construcción de la persona junto con otros.

Como se ha analizado, el habitar se basa en acontecimientos, en múltiples niveles de relación, privados o públicos, ligados a una relación profunda y continua con el resto de la sociedad, sin tiempo cronológico, en una simultaneidad de tiempos que refleja las acciones sobre un espacio en diferentes tempos reales. Además ya no se puede entender a la persona sin un dispositivo tecnológico a su lado, informándole de todo aquello que necesite saber, y permitiendo una conexión a base de datos o información total, con la que poder discurrir en su quehacer diario.

Ese nuevo entorno natural mediado, dispuesto a ser activado, ofrecerá una nueva experiencia sensorial al sujeto que amplía sus límites conocidos. La pregunta que guía esta investigación sigue siendo ésta:

"¿Cuál es la experiencia fenomenológica de estar en un nuevo espacio aumentado? ¿Qué puede ser las nuevas aplicaciones culturales del nuevo equipo y de la red habilitada espacios aumentados? ¿Cómo son

posibles la poética y la estética de un espacio aumentado?" (L. MANO-
VICH, 2002, p. 6)

Gracias a estos implementos tecnológicos, el sujeto hoy habita
mediante las acciones que realiza en él a través de sus terminales
personales. El espacio que la rodea, se acerca cada vez más un Intelligence Ambient o un espacio ubicuamente computado a la manera
de M. Weiser. En él, como sujeto individual y social, sus escalas de
actuación son diversas. La tecnología permite hoy actuar aquí y allí,
cerca y lejos, en todos los niveles de habitación humano. Ésta será
una cuestión previa a tratar.

*"Ser ahí, estar ahí, son propiedades de los cuerpos y de los sujetos en
los dos primeros entornos. En el tercer entorno, en cambio, las personas actúan desde allá e intervienen acullá (...) 'Acullá' es otro sitio dentro de una red, no una ubicación territorial"* (...) *"Puesto que una persona puede tener varias identidades en E3, es claro que puede intervenir
en muchos y muy diversos 'allás' (...) las acciones de un mismo sujeto
en E3 son hasta cierto punto ubicuas (...) una misma acción es una red
de acciones diseminadas por diversos sitios de la red."* (J. ECHEVERRÍA,
1999, p. 348)

Dado que esta investigación se centra en el espacio habitacional, en
la arquitectura más cercana, la de la casa y sus objetos, éste será el
entorno que se analizará con más precisión, el "aquí". Y a partir del
modo de cómo se implementan las acciones en la corta distancia, se
pasará a definir cuál es el tipo de espacio que se crea con ellas también en la lejanía, para caracterizar éste también mediante ellas.

Finalmente, con la intención de precisar y reforzar sus cualidades
particulares y diferenciadoras, se comparará este modelo propuesto
con la de las dos caracterizaciones más representativas del espacio
durante el pasado siglo, que fueron el espacio moderno y el espacio
existencial.

Actio in distans

Parafraseando a P. Sloterdijk, se puede asegurar que las TIC fundamentan el escenario de la globalización, de la información en un mundo que se tiene al alcance mediante pequeños dispositivos. La ubicuidad de la información aventura una ubicuidad humana de nuevo cuño: *"... sólo con las telecomunicaciones simbólicas –las actiones in distans– se inicia lo que tradicionalmente se conoce como la más alta historia de la cultura (...) la 'apertura'de cerebros para cerebros coexistentes"* (P. SLOTERDIJK, 2010, p. 149).

Esta apertura es un proceso que va desde la oralidad, pasando por la imprenta, la Revolución industrial llegando a la era de las TIC hoy. La nueva oralidad global, las redes, que han hecho saltar las fronteras entre interior y exterior o lo privado y lo público, permiten activar resortes en puntos muy alejados entre sí. *"nuestros domicilios sirven de soporte a unas telecasas que se caracterizan por la acción a distancia"* (J. ECHEVERRÍA, 1995, p. 18).

Hoy la persona es capaz de hablar, ver, oír, e incluso sentir a distancia. Con sus terminales se pueden ejercitar una multitud de acciones lejanas, como el teletrabajo, dar teleconferencias en lugares muy alejados –*La Fundación* de I. Asimov (1951)–, influir en las decisiones comunes (15M), y todo un sinfín de posibilidades de relación que permiten habitar en la distancia (espacio) en tiempo casi instantáneo: *"nuestras acciones y discursos ocurren frente a otros que, en ocasiones, están muy distantes de nosotros geográficamente, y a los que sin embargo estamos conectados por medio de un mundo global compartido"* (C. SÁNCHEZ, 2015, p. 80).

Esta sería una primera forma de ubicuidad; aquella en la que la presencia del sujeto es ubicua y viaja en el espacio-tiempo para relacionarse con otros y ofrecer o recibir información a distancia, ser un nodo de un espacio de flujos de carácter reticular, horizontal, en la que la suma de todas las partes generará un nuevo espacio común.

Actio in praesentia

Pero son las acciones en la cercanía las que se van a desglosar y analizar detenidamente a partir de ahora, para caracterizar el modo de habitar hoy el espacio, dentro del marco de la idea fuerza de ubicuidad.

El nuevo sujeto digital porta múltiples dispositivos móviles a todos lados. En casa definen un espacio mental en el que nos se sume nada más despertarse. Una vez sale a trabajar, en el coche, por ejemplo, estos dispositivos dialogan entre sí haciendo que dicho espacio asociado le acompañe. Y cuando llega al trabajo, siguen manteniendo esa "esfera" privada, natural y mediada que le sigue.

Porta, pues, con él, un espacio de una manera ubicua. Un espacio que es reflejo de sí mismo, que se conecta con otros para ofrecerle las potencialidades que de ellos necesita, y le acompaña las veinticuatro horas al día. Este espacio que implementa en el entorno mediante sus acciones es el que va a definir, junto con el de otros, dialogando, los espacios que habita.

Estas relaciones entre dispositivos, implementados con sus deseos, gustos y necesidades, modifican el espacio cercano en el que se ubica, creando un nuevo lugar de lugares, pudiendo llegar a incidir, si la tecnología de la arquitectura "mediada" que le acoge es suficiente, incluso en la forma y cualidades sensoriales del mismo, como algunos trabajos analizados que ya se están empezando a desarrollar.

Esta sería, así, la segunda forma de ubicuidad; aquella en la que el espacio privado viaja con el usuario, es portado con sus dispositivos, ropa, objetos, y es capaz de modificar los espacios o lugares donde se sitúa, donde establece una conexión, para hacerlos, del mismo modo, suyos, y sentirse siempre "como en casa", ya que la nube de información permite que esta situación se produzca allá donde él vaya.

ACCIONES

Si habitar es crear espacio, y habitar es realizar las acciones necesarias para "espacializar" el mismo, en términos deleuzianos, se va a pasar a continuación a ver cuáles son esas acciones que reflejan ese modo de estar hoy en el mundo, y cómo se aplican en él.

El espacio se va a definir –adjetivar– por la aplicación de una serie de actividades o acciones humanas, como user o como programador, que le dan carácter. En el ámbito de este trabajo, el espacio sin la persona entendida de una manera "ampliada" no existe, de ahí que se presenten una serie de verbos, acciones humanas, que adjetiven al sustantivo, relacionadas todas ellas con la utilización de las nuevas tecnologías sobre un espacio entendido desde ya como entorno o nodo.

Esta persona "ampliada" digitalmente muestra una curiosa situación: Si la transmisión del conocimiento humano N. Carr (2010, pp. 70-77) empezó siendo oral (cuentos, fábulas, pasadas de padres a hijos), para ir pasando al escrito (jeroglíficos, inscripciones cuneiformes...), hasta alcanzar su cénit con la aparición de la imprenta, la revolución más importante tras ellas ha sido la de la aparición del mundo digital, donde esta información ya se sitúa en la red, virtual, no impresa, apta para todos, siempre, eso sí, que se disponga de acceso a las TIC.

Lo "digital" ha dado paso, de nuevo, a lo oral. Gracias a las TIC y a la computación distribuida, la manera de relacionarnos con la información y los entornos habitacionales va a ser hablada, dialogada, incluso. Se dan órdenes que los dispositivos entienden y a las que responden. El reconocimiento de voz existe desde hace ya mucho tiempo y "teclear" órdenes en dispositivos físicos, además de ser una labor fatigosa y repetitiva, es poco natural. Éstos irán despareciendo (T. PALACIOS, 2014) para evolucionar hacia la Ubicomp de M. Weiser (1991), hoy AmI.

El espacio propuesto, pues, no se entenderá aquí como una categoría absoluta, se entiende como una situación puntual de relación entre personas-objetos informadas. Ya no es un vacío previo, sino un lugar mediado a la espera de implementación. Esa situación espacio-temporal podría ser el construir una situación, habitarla y dar contenido a un momento vital, activando un lugar con las acciones humanas:

*"El concepto vivienda está ligado a una acción (verbo) y un objeto
(producto). La acción: habitar, el objeto: la habitación|la casa. Si las
maneras de habitar el espacio cambian, evolucionan, se transforman,
afectarán al objeto. Por otro lado, los avances técnicos que el objeto
experimente pueden afectar|condicionar las maneras de habitar"*
(M. TÓCHEZ, 2010, p. 2)

Estas acciones no son inocuas. Toda acción humana presupone una
"política" previa y una intención. Por lo tanto estas acciones posibilitadas por una potentísima tecnología estarán también muy relacionadas con el medio en el cual se basan para ser posibles. Este tipo de
acciones ya no pueden entenderse sólo como pertenecientes al ser
humano biológico, sino también a una persona "mediada", en los niveles aquí descritos, como persona + objetos + casa y edificio, habitando el espacio, un espacio que además, es cada vez más común.

*"Un desafío más interesante y (...) más importante consiste en averiguar
cómo representar la experiencia personal y subjetiva que vive en una
sociedad de datos"* (L. MANOVICH, 2002b, p. 135)

Si se definen las acciones, el espacio cobrará sentido, tendrá caracterización, podrá ser citado. Fruto de la investigación hasta aquí realizada, y de las ideas y memes que se han ido extrayendo, se pasa ya
a presentar una serie de maneras de habitar y activar el espacio que
ayudarán a dar las claves para caracterizarlo como ESPACIO UBICUO.

Actualizar - Espacio "RE"

Independientemente de cómo se materialice, el espacio hoy es un espacio actualizable, implementado con "otros" espacios. No es sólo la tecnología implementada, sino la sensación de espacio derivada de la implementación de dichas tecnologías, redefiniendo el soporte en el que se aplican. La 1ª característica es ser RE-habilitador, RE-configurador.

Da igual el soporte físico, pues aunque el resultado será siempre diferente, la base será siempre la misma, una naturaleza (natural o artificial) mediada, que está siendo actualizada continuamente por la persona que lo habita, lo define y lo vive. Es un espacio de información aplicado a un espacio físico, en la medida en que es experimentado por un ser humano, por un grupo de personas, ubicadas o no, física o virtualmente en él. Esta es otra de sus virtudes. Este espacio permite el "teletransporte" de personas e información y las aplica a lugares concretos, a situaciones reales, modificando de manera total su carácter independientemente de su fisicidad, de sus dimensiones y/o características sensoriales, que, aún siendo importantes, resultan ahora contingentes, como se ha ido desglosando anteriormente, a la idea.

Se podría hablar ahora de "Updatecture" o arquitectura actualizable, en la que la persona implementa su "chip vital". Será una arquitectura incompleta, actualizable, abierta a intromisiones y variaciones formales, funcionales... a las acciones de las personas. Estas acciones permitirán añadir nuevas funcionalidades a los edificios.

Avanzando así sobre aquellas ideas de reciclabilidad y de perfectibilidad (I. PARICIO y X. SUST, 1998), tanto en el componente físico-constructivo como en el virtual-informacional, reflejo de esta era de la inmediatez (I. CALVINO, 1998; P. VIRILIO, 1999; Z. BAUMAN, 2006) y a la que L. Arenas calificó como era de la "provisionalidad crónica" (2011, p. 17).

Aplicar - Espacio Informal

¿Por qué la arquitectura tuvo siempre forma de arquitectura?"
(A. DE LA SOTA, 1989)

El espacio se define como un espacio informal, en dos sentidos, uno, literal, carente de una forma reconocible, precisa, y otro, más metafórico, derivado de los usos aplicados por los usuarios en éste.

Informal en cuanto permite relacionarse con él sin apriorismos ni predeterminaciones. El espacio puede variar gracias al habitante. El espacio reacciona y puede llegar a ser imprevisible, puede cambiar de dimensiones y relaciones. Es una realidad que no entiende de categorías preestablecidas. Sin jerarquías, su uso no asume modos de actuación previos, y reacciona cambiando físicamente según quién le aporte datos.

E informal, como acepción más profunda, y aceptando el juego de palabras, en cuanto a que no presupone ni define forma alguna. No necesita de un correlato formal a su forma espacial. No plantea una estética derivada de un modo de hacer arquitectura. Tras la crítica al proyecto moderno, ya no valen forma, función, escala, planta libre... La teoría se hace en la práctica cada día en múltiples lugares por actores ajenos a propuestas universales. *"Una arquitectura sin forma es aquella que concibe el hecho formal como un instrumento a posteriori. No es una arquitectura que es como un..., sino que es un... No es una arquitectura de metáforas sino de acciones e ideas"* (F. SORIANO, 2004, p. 53)

Este espacio se aplica a todos los demás, cohabita con ellos, le es absolutamente indiferente saber si el contenedor construido en el que se aplica es uno u otro, si la envolvente es antigua o moderna. En realidad un reflejo de la sociedad. La arquitectura se está acercando a este modelo. La sensación actual es la de "descenso" de la arquitectura a la tierra, al ser humano, a formar parte de él y hablar cara a cara con él.

Gracias a esta nueva concepción, el usuario, la persona, es el arquitecto de sus espacios y de sus situaciones. Con sus acciones, crea el lugar, porta su espacio consigo y lo define, domina el juego, mientras las formas construidas –estilos arquitectónicos– en las que se aplica no son de su incumbencia, no le interesan, resultan ajenos a la experiencia real.

El espacio muta con la persona "implementada". Esta manera de concebir el espacio arquitectónico no se define "per-sé", como lo habían sido otros modelos anteriores, sino que este nuevo concepto de espacio se "aplica" o "da forma" a cualquier otro anterior, ya construido, existente, y no necesita de una definición teórico-conceptual-física como otros aceptados como tales en la historiografía clásica de la arquitectura.

"Sobra" la arquitectura que refleje hoy una idea de espacio.

Se invierten los términos, esa mirada es ahora superflua. Esta concepción espacial no necesita construirse físicamente de uno u otro modo. Por así decirlo, es simbiótico con los espacios existentes. El E3 de J. Echeverría se superpone sobre los E1 y E2.

El resto de espacios pertenecen pues a la historia de los "estilos" espaciales, sobre los cuales ahora se aplica éste, actualizándolos, reinventándolos, revitalizándolos de un modo desconocido. Lo mismo es aplicable sobre una iglesia románica que sobre un edificio del Movimiento Moderno. Incluso sobre una obra "líquida"... en una continua actualización a-formal.

Los espacios mutan con la presencia de TIC y se vuelven ubicuos, ajenos a su contenedor formal-espacial. El espacio ubicuo no necesita una definición teórica ni un sustento físico característico para ser realidad. La arquitectura basada en este tipo de espacio, está punto de desaparecer en cuanto a forma, función, estilo... y está reviviendo como lugar de la vida humana, que en el fondo es su verdadera esencia.

Interaccionar - Espacio Proactivo

Este espacio es fundamentalmente proactivo, interactúa con los usuarios. Ya sea desde el punto de vista de la respuesta a las necesidades (función), ya sea desde el punto de vista de los datos presentados (información), ya sea desde el punto de vista del cuidado sobre la persona, el espacio aquí caracterizado dialoga, se entiende y reacciona con los usuarios.

Por un lado, esta época traspasa las barreras de la mera eficiencia energética e higienismo ligadas al progreso técnico como visión positivista del mundo, transformándola en una visión más sensual, humana, ligada a la idea de placer. Las tecnologías influyen tanto en los sentidos a través del espacio creado, que permite *"la captación de sensaciones, como un proceso de atraparlas e introducirlas en la obra (...) y la construcción como albergue de los sentidos y recreadora de los mismos."* (J. M. Barrera, 2010, p. 16).

Por otro lado, es un espacio "cognitivo", un espacio que aprende, reconoce, y ayuda al habitante en su vida diaria. No sólo en el marco de un edificio, sino también en un contexto más amplio. El espacio que interactúa inteligentemente con el usuario es también el espacio común, que asume las complejidades de todos. Este espacio será el que permita encontrar puntos de conexión entre las diferentes sensibilidades, aportando su "propia experiencia", conseguida a través de las vivencias aportadas por todos, en un continuo y fértil diálogo abierto.

Se trata de un espacio cuya ontología es relacional, una ontología del devenir en el que ya no hay entidades ni propiedades estables, sino que todo lo que en él ocurre es contingente de sus usuarios, de la mezcla de sus complejidades y que aparece como un campo abierto "open code", inmersos ahora en una experiencia total, donde tanto el cuerpo como la mente son receptores de sensaciones y datos.

Simultanear - Espacio Multicrónico

La suma de los agentes que interactúan en el espacio hace de él un entorno múltiple. En el sentido espacial, sensorial, y también, como se ha visto, temporal. En cada momento en que es experimentado, el espacio revela diferentes tiempos. Ya sea el tiempo cronológico –el del reloj de M. Castells (1996) –, el tiempo multicrónico –J. Echeverría (1999)– o el tiempo real –J. L. Molinuevo (2006) –, de quienes lo habitan.

Esta multiplicidad de tiempos se produce porque, *"las interacciones telemáticas son de efecto retardado"* (J. ECHEVERRÍA, 1999, p. 81), es decir, se produce una ubicuidad de tiempos en el mismo tiempo de manera que diferentes situaciones se pueden solapar en un mismo momento, habiendo sido producidas de manera no simultánea.

Así, una característica de este espacio es que *"admite acciones pautadas en base a muy diversos lapsos temporales para el ciclo acción/ reacción"* (J. ECHEVERRÍA, 1999, p. 83), De ahí esta definición de tiempo "multicrónico", para el tiempo de su E3, frente al sincrónico de los E1 y E2. Y que aquí parece muy acertada para caracterizar en base a la categoría tiempo al espacio aquí planteado.

Por lo tanto, lo que en este espacio se produce es una simultaneidad de tiempos asincrónicos, cuando las personas intentan sincronizar, simultanear diversas experiencias, lo que ocurre es que se "descargan" una multitud de experiencias temporales, acciones y reacciones no simultáneamente producidas, lo que produce la creación de un espacio común en tiempo real de tiempos diferentes, y que supone esta multicronía que aquí se propone. La multiplicidad que I. Calvino (1998) nos presentaba como propuesta para el actual milenio, queda así reflejada, en este caso, relacionada con el componente tiempo.

Situar - Espacio Utópico

Cuando se percibe un espacio, es habitual tener referencia de su situación por sus condiciones físicas, ambientales, y las relaciones que desde él se experimentan con su entorno más cercano. En el caso que se propone, el espacio inmersivo se abstrae absolutamente de su alrededor. Las TIC producen una sensación de extrañamiento sobre el lugar –físico– suplantándolo por un posicionamiento en otro lugar muy diferente, que es el de la red de la información. Al entrar en este espacio ocurre una deslocalización, una desterritorialización, de una manera directa del espacio físico real, y la persona se sitúa en el lugar que alberga ahora todos los lugares, desde el momento en que trabaja a distancia, se relaciona en la lejanía, o consulta información en la red.

Cercano al concepto de global, en el sentido en que hoy en día prácticamente todas las sociedades o grupos humanos tienen a su alcance Internet y se sabe bastante bien cómo utilizar. Lo importante es qué significa en cuanto a espacio de integración, diálogo intercultural. Integración que se debe ver en tres aspectos, según M. Castells (1996) que son: por una parte, está la necesidad de alcanzar su uso, por otro, la capacidad de saber utilizarlo, y por último, es importante saber aplicarlo.

Al espacio se le puede caracterizar como utópico, pues al situarse en él, al buscar ese posicionamiento, se podría entender que se está en un nodo, en un punto de paso sin lugar físico, pero en realidad en el lugar de todos los lugares, en medio de la retícula definida por las infinitas interconexiones informáticas. La palabra utopía viene del griego οὐ ("no") y τόπος ("lugar") y significa "ningún lugar". Platón ya habló de un espacio sin lugar. El espacio ubicuo, por lo tanto, pertenece a este entorno, puede ser que habite en Aion (I. S. MORALES, 1995, p. 98), o bien puede ser también en la "e-topía" citada por W. Mitchell (2001).

Conectar - Espacio Mediado

La primera acción sería la de, evidentemente, conectarse en el espacio que se ofrece. Realmente la adjetivación de espacio mediado no es una característica en sí, sino una condición previa para poder hablar del espacio que se intenta modelizar. Pero es necesario hacer unas precisiones respecto a esta idea de conectarse. Este espacio, como se ha dicho anteriormente, no necesita en realidad estar físicamente dotado de tecnologías físicas invisibles, como planteaba M. Weiser (1991).

La computación ubicua –Inteligencia Ambiental– añade potencialidades al objeto, es cierto, pero no es la condición imprescindible. La condición de mediado se establece desde dos puntos de vista; antes y después, el soporte tecnológico previo y la implementación posterior por parte del usuario. Eso quiere decir que aunque un espacio no esté "lleno" de dispositivos físicos, simplemente con los que el usuario porta y que dialogan con la nube de información, harían de él un espacio como el que se define.

Eso quiere decir que el espacio ubicuo es activado fundamentalmente por la persona que lo habita. A diferencia de un espacio moderno, que lo es aunque no hubiera nadie en él y no cambia su esencia si una persona lo visita. Geométrica y materialmente ya lo es. Ajeno al habitante. Las habituales fotos de arquitecturas vacías –o con posados faltos de vida– de las publicaciones al uso así lo demuestran.

Pero aquí es absolutamente necesaria la presencia del ser humano para activarse, para desplegarse y conectarse con otros dispositivos, para *"ser espacio"*, para alcanzar una dimensión mayor. La persona, no simplemente activa el espacio, sino que, de nuevo, *"es"* el espacio, ampliando el concepto existencial con la aparición del las TIC. Hay que recordar a la persona definida en el contexto de este trabajo: una persona implementada de dispositivos, objetos, ropa, implantes... de los cuales, su casa es el de mayor escala.

Compartir - Espacio Coproducido

Esta idea está asociada a la inasibilidad de la cultura. Hoy en día es imposible abarcar todas las ramas del saber. El hombre, el creador, hoy en día es un bit, un pixel de información en la infinita red de la cultura. Sólo mediante la transversalidad, la mezcla con otros saberes y actores podrá completar una obra multifacética. Para ello es necesario implementar la idea de transdisciplinaridad.

No es sólo integrar diferentes actores con saberes específicos en campos ajenos (multidisciplinaridad), sino que todos ellos entrecrucen saberes, experiencias y nutran, desde sus especificidades, al resto, para obtener un resultado más complejo. A raíz de esta idea y de la de M. Castells (1996), en el sentido de que éste es el momento en el que por primera vez en la historia, el usuario es ya un coproductor de la realidad, se llega a esta idea de espacio coproducido. Cuando, además de productor es consumidor activo de aquello que genera, aparece el contemporáneo término de "prosumidor", cerrando el círculo conceptual.

Cabe recordar aquí a J. Echeverría (2013) cuando habla de la Cuádrupe Hélice, de la necesaria inclusión del usuario en el modelo clásico de la Triple Hélice (empresa-gobierno-academias), como parte fundamental para el avance del conocimiento, tecnologías y riqueza, formulado a partir de las tesis de Eric Von Hippel en su libro *Democratizing Innovation* (2005).

La idea es la de entender que los usuarios son auténticos innovadores, no solo los científicos como productores, sino también las personas vistas como usuarios. *"Con una amalgama tan grande de posibilidades, lo computacional va haciendo desaparecer el concepto moderno del Yo Creador individual, transformando también la relación espectador-arte, pues éste puede a la vez crear la obra, programarla, desfigurarla a su antojo. Con ello desaparece la era de la interpretación y se entra a la era de la Programación"* (C. Fajardo, 1999).

Modificar - Espacio Potencial

Modificar el espacio significa en este contexto añadir grados de libertad al espacio original. Grados de libertad físicos y virtuales.

Físicos en tanto permiten que un espacio cambie, se transforme, redefiniéndose como un ser vivo, adaptándose al usuario y a las condiciones climáticas particulares de cada lugar en cada momento. No elimina ello la posibilidad de modificación estructural del mismo, mediante desplazamientos, movimientos o intercambios de elementos constructivos definidos en él. Estos serán una parte más del juego, como un nivel primario de reconfiguración espacial, pero no los más importantes, pues aún pertenecen a la práctica arquitectónica hasta ahora más conocida y más desarrollada.

Serán las inferencias virtuales, en cuanto a la posibilidad de experimentar, de sentir un espacio como muchos otros a la vez, las que lo diferencien. Un espacio ya no se va a definir define por un solo uso, ni siquiera ya asociado a la persona en concreto que lo habita, sino ligado a la red de relaciones que éste porta consigo. Todo esto le aporta también un carácter intensivo al espacio hoy frente a la extensividad de aquél moderno (L. ARENAS, 2011), tal como ejemplifica el modelo de los flujos humanos e información que recorren la "wet grid" contemporánea (L. SPUYBROEK) frente a la "dry grid" de aquella racional modernidad.

La intensidad de situaciones, de usos, es lo definitorio. No es tan importante para la flexibilidad hoy la capacidad de "mover cosas", sino la de implementar situaciones, usos y potencialidades por personas diferentes a espacios concretos. Grados de libertad para concebir un lugar de diferentes modos e interactuar con él para transformarlo y servirse de sus potencialidades para desarrollar un entorno afectivo particular y/o relacionado con el resto de usuarios. El espacio ubicuo es flexible en cuanto refleja estas dos situaciones, flexibilidad objetual y flexibilidad experiencial según el "user" que implemente en él sus actos.

Mezclar - Espacio Mix

Esta época se define por la hibridación y la cultura del "Mix". Es necesario asumir lo que ello supone en profundidad para el campo de estudio, el proceso global de hacer arquitectura: *"Si realmente estamos viviendo en una cultura de la remezcla ¿sigue teniendo sentido para crear obras completas si estas obras serán desmontados y convertidos en muestras de otros modos"* (L. MANOVICH, 2002a, p. 2).

Lo que más importa es la incompletitud, de pensar el hecho arquitectónico como parte de un proceso, surgido de sistemas generadores, más compartidos, más globales: *"Cada vez hay menos distancia entre un adolescente de Shanghái y una adolescente de Mislata. (...) Lo que importa es lo que piensa, lo que importa es lo que escribe, cómo administra sus espacios hermenéuticos, sus mundos simbólicos (...) Los dos se han formado en las mismas playstations, eso sí que es una buena escuela porque introduce los mismos esquemas operativos"* (F. JARAUTA, 2011, p. 11.)

Gracias a esos esquemas operativos semejantes las personas pueden interactuar, dialogar, mezclar ideas y seguir, en el tiempo, modificando la realidad que entre todos van construyendo. El espacio ubicuo acepta hibridaciones y mezclas, es un servicio para el usuario, en el que implementar vida y procesos en un sistema dialogante entre persona y tecnologías. Importante será también oferta y demanda, para implementar en el sistema lo que los usuarios necesitan acorde al espacio en el que se trabaja.

El espacio ubicuo ya está implantado en un lugar y además lo lleva el habitante consigo, por lo que necesitará de un sistema que sea capaz de permitir ese diálogo con él. Esta dimensión dialogante del espacio será la que permita múltiples tipo de acuerdos entre sujeto y objeto, abriendo el campo de nuevo a una visión existencial y fenomenológica, ahora aumentadas, de la "cosa digital".

EL ESPACIO UBICUO

*"Me atrevería a decir que no es posible
pensar habitar el presente sin considerar
este nuevo espacio de los flujos, que en
realidad es cada vez menos nuevo"*

J. P. Lama, 2003a, p. 3

CARACTERIZACIÓN

Una vez definidas las acciones –interacciones– entre el espacio arquitectónico y el nuevo sujeto/persona ampliada por las tecnologías, se llega, finalmente, a caracterizar este nuevo concepto de espacio contemporáneo como reflejo de la experiencia real de la habitación humana en la era digital, en los flujos de información que residen en él.

Las claves de la arquitectura están en la red. Hoy el sujeto se ha "ampliado" y necesita otras referencias, entre las que las TIC forman parte fundamental. La sociedad en red, sus grupos, son ahora la suma de los inputs de todas las partes, no bajo un espacio genérico a priori, sino como suma de múltiples de menor escala, difusos, complejas, pero que necesitan conectarse.

Aparece así, este nuevo lugar caracterizado como red de espacios en código abierto, donde las leyes de funcionamiento las marcan los usuarios, mediante el diálogo, definiendo interdependencias. Como se ha dicho, no es un espacio que se construya físicamente, o al menos, no es necesario materializarlo en el sentido clásico, mediante el proceso de proyectación y posterior ejecución material. Es así en la medida en que se aplica sobre algo ya existente, y que no sólo tiene que materializarse a través de mecanismos clásicos de la disciplina como son la estructura, cerramiento, particiones, etc...

Por ello es ubicuo en la medida de que puede estar en cualquier otro, definirse sobre cualquier otro existente, liberado de una definición formal-estética determinada, la cual es irrelevante para su concepción. La escala de su construcción reside en lo invisible. Las tecnologías de la computación ubicua desaparecen al ojo del usuario. En lo más pequeño, en lo invisible, reside lo virtual y lo material de la nueva arquitectura, de la nueva manera de sentir el espacio.

Un espacio que se configura tanto mediante sensores, dispositivos y terminales que están ya implementados tanto en los soportes arquitectónicos de un espacio como en los terminales o dispositivos, incluso la ropa, que viajan con cada habitante. Ya no es necesario implantar tecnologías de manera física en el soporte arquitectónico. La

ubicuidad existe previamente, el usuario la porta y la información reside en la nube. Aplicados sobre ellos, la realidad de un edificio puede
mutar, reconfigurarse, dependiendo de la implementación, mediante
las propias acciones, deseos y necesidades de los usuarios.

Por tanto, una de las virtudes de este espacio es que permite integrarse en cualquier otro, o también, al contrario, permite recrear
cualquier otro por sí mismo. Así puede ser un espacio que asume las
características climáticas de cada lugar y simbiotizarse con ellas –
como corta y pega ambiental -Incluso reproducir técnicamente cualquier ambiente o lugar, en sí mismo. Un espacio en el que cualquier
punto es o puede ser todos.

En él se está conectado gracias a una serie de tecnologías mediante
las cuales pasar a formar parte de una red en la que ser terminales
de información, en un espacio compartido por múltiples y complejas
individualidades. Asumiendo la complejidad y el necesario diálogo
entre sus actores, mediante las tecnologías que lo hacen posible. Un
espacio también con un alto componente afectivo, en su acepción
más humana, ya que es también la imagen mental que cada persona
se hace de su espacio habitacional y de las relaciones establecidas
en y desde él.

Que refleja una arquitectura tendente más a la sensación, a la experiencia, a la función resultante de la vivencia particularizada del espacio
que al objeto tecnológico. Espacio como acontecimiento, actualizable,
abierto a los deseos de los usuarios, evolucionando en el tiempo con
ellos y las potencialidades que las TIC les permiten aplicar.

Basados en los tres entornos principales de este trabajo de los que
partió, arquitectura, tecnología y sociedad, se han ido desgranando
una serie de conceptos ligados a unas acciones humanas, enfocados siempre desde el punto de vista proyectual, propositivo, con un
buscado componente pragmático que han servido para caracterizar a
través de ellos el espacio planteado.

En el primer entorno, se ha visto cómo la arquitectura que nace de esta
nueva concepción del espacio se fundamenta en una nueva mirada
sobre el sujeto humano, ahora entendido de una manera, más compleja,

dependiente de las tecnologías que en varios niveles interactúan con él, integrando lo natural y lo tecnológico en una nueva realidad.

En el segundo entorno analizado, la tecnología relacionada con la cibercultura que supone el marco de conocimiento contemporáneo, se desvela cómo los conceptos relativos al espacio, al tiempo, lo real y lo virtual, la materialidad de la información y sus nodos como lugares, evidencian cómo estas categorías han sido reformuladas, mediante el nuevo paradigma cultural bajo el signo de la ubicuidad.

Y en el tercer bloque de estudio, relativo a los procesos de gestación, aplicación y materialización reales a partir de los dos anteriores, se ha visto como las grandes potencialidades que la nueva situación ofrece, deben ser, y de hecho, están siendo entendidas y aplicadas desde una visión común, social, de carácter marcadamente político en el sentido de sociedad, de bien común.

A través de una tabla comparativa, y para terminar de caracterizar el espacio ubicuo aquí planteado, se expone qué diferencias, semejanzas y nexos se pueden establecer con los otros dos modelos de espacio más representativos durante el siglo 20, el espacio moderno y el existencial, con el fin de precisar por comparación aquellas particularidades definitorias del nuevo modelo.

TABLA COMPARATIVA

ESPACIO/ENTORNO	MODERNO	EXISTENCIAL	UBICUO
PERSONA	DIGNO	PERSONAL	RE
OBJETO	DISEÑADO	CONSTRUIDO	INFORMAL
VIVIENDA	EFICIENTE	EXPERIENCIAL	PROACTIVO
ESPACIO/TIEMPO	UNIVERSAL	SINCRÓNICO	MULTICRÓNICO
LUGAR/ENTORNO	ABSTRACTO	CONCRETO	UTÓPICO
INFORMACIÓN	TECNOLÓGICO	SIGNIFICANTE	MEDIADO
USUARIO	IMPUESTO	DESCUBIERTO	COPRODUCIDO
FLEXIBILIDAD	FÍSICA	SENSORIAL	POTENCIAL
MATERIALIZACION	HI-TECH	LOW-TECH	MIX

Con la llegada de la Revolución Industrial, con la aparición de una nueva clase trabajadora, a la que, años más tarde, la cultura de la modernidad arquitectónica tuvo que dar respuesta habitacional, se asumió el reto de dar espacios de residencia a esas nuevas demandas sociales. Ello propició la integración de conceptos de la industria en la teoría arquitectónica, como seriación, modularidad, repetición, propiciando una nueva arquitectura que necesitaba una nueva forma construida. Y esta forma se pensó en las escuelas (Bauhaus) y prefabricó desde los tableros de diseño de los creadores. Nació el concepto de vivienda mínima (Existenzminimum) que desemboca en la "vivienda digna" que aún hoy se sufre, y que desde mediados del siglo 20 pedía actualizarse.

Esta crisis existencial –nunca mejor dicho– ocurrió con el cambio de foco desde el objeto al sujeto humano, a la experiencia diversa frente a la homogeneidad repetitiva para un sujeto ideal de una arquitectura que sirvió a un fin en un determinado momento, pero que dejó de ser aceptable. M. Heidegger, Ch. N-Shulz, N. Habraken, proporcionaron los mimbres para esta nueva situación y la vivienda se humanizó, se hizo diversa, privada, intercambiable, más flexible y se acercó a las necesidades de las personas, a sus gustos, alejados de la teoría arquitectónica más objetual, disciplinar.

Hoy las TIC forman parte de esas nuevas personas-avatares que habitan esos espacios, y donde antes el ámbito privado era un reducto de aislamiento, hoy ése ámbito es compartido por muchas entidades. El espacio ya no está ahí esperándonos con sus referentes semánticos individuales, sino que la persona es la que aplica sobre él sus acciones, sus intenciones, sus gustos y necesidades, su información. En definitiva, propiciando una nueva diversidad, complejidad, que "anima" y revitaliza las arquitecturas, nuevas o viejas, gracias a la acción renovadora de sus complejos habitantes, los auténticos arquitectos del espacio hoy.

*"... la estrategia mecánico-moderna trató de asegurar la indefinida
expandibilidad desdoblando la experiencia del espacio de ese cuerpo
vivo en un exterior modular −que pudiera, con ligeras variaciones, colonizar cualquier entorno− y un interior homogéneo y controlable donde
las actividades y acciones de ese cuerpo se hallen resueltas de manera
cuantitativa y funcional"*

(L. ARENAS, 2011, p. 14)

*"El tiempo se invertía y la memoria ocupaba el lugar del futuro; el espa-
cio no servía ya para gran cosa. (...) Lugar, Memoria y Naturaleza, se
contraponían frontalmente a Espacio, Tiempo y Técnica, por primera
vez, de forma articulada"*

(I. ÁBALOS, 2000, p. 49)

*"Sal despierta: huele a café. Hace unos minutos su despertador, alerta-
do por su inquieto móvil antes de levantarse, había preguntado suave-
mente '¿café?', Y ella murmuró 'sí'. 'Sí' y 'no' son las únicas palabras
que éste conoce"*

(M. WEISER, 1991, p. 7)

Diseñado - Construido - Informal

Ese objeto de diseño en el que se convirtió la vivienda tuvo su máximo
auge en la modernidad. El banco de pruebas de las teorías arquitectónicas fue la casa, como lugar de prueba y error de los avances
tecnológicos y conceptuales de la nueva época. Los arquitectos han
ido dejando ejemplos construidos de sus teorías, muchas veces inha-
bitables entonces y/o aún deshabitadas hoy. El arte moderno devino
objetual. Todo era susceptible de ser pensado, dibujado, fabricado y
montado junto a una industria con la que producir una nueva realidad.

Las nuevas formas no calaron en la sociedad –ni aún hoy en día– y los
arquitectos volvieron a las formas ancestrales, a mirar en el pasado,
a intentar extraer de éste el nexo afectivo que a la sociedad parecía
faltarle. Pero se seguía pensando en formas, formas construidas,
imágenes que permitan asociar las vidas a esos espacios que las
contienen, que están tras de ellas. El existencialismo planteó el hecho
de "construir" como acto humano para ser en el mundo, para formar
parte de él, en un sentido más profundo, de creación desde el sujeto,
de sus experiencias vitales, sin teorías ajenas a su vida real.

La arquitectura del siglo 20 seguía anclada a su forma como imagen
del progreso técnico o de una regresión experiencial, cuando no
meramente estilística. El modelo aquí planteado supone un cambio
fundamental. Ya no importa la arquitectura como tal, sino cómo se
habita en ella. Importa aquellos datos y acciones que se implementan
en ella, para que ésta cambie. Aprovechando las arquitecturas existentes, no plantea formas previas, y en caso de crear formas construidas, éstas no tienen porqué reflejar en modo alguno un zeitgeist
obligado por su cronología.

El espacio ubicuo aparece en cualquier lugar mediante la tecnología
aplicada a la arquitectura por las personas que lo habitan y activan.

"la Villa Garches o la Villa Poissy de Le Corbusier, la Villa de Loos en Praga (…), mientras que Mies van der Rohe construye una villa para el dueño de la fábrica Tugendhat en Brno, como máximo exponente del esnobismo moderno y la ostentación del estilo de vida de los millonarios. Todas esas casas, a pesar de su despliegue técnico y sus artefactos de diseño radical, a pesar de su originalidad formal, no son más que una nueva versión de los opulentos palacios barrocos, sedes de la nueva aristocracia financiera. ¿Una máquina de habitar? No, una máquina para la representación y el lucimiento…"

(K. Teige, 2002, p. 7)

"En Ersilia, para establecer las relaciones que rigen la vida de la ciudad, los habitantes tienden hilos entre los ángulos de las casas, blancos o negros o grises o blanquinegros según indiquen relaciones de parentesco, intercambio, autoridad, representación. Cuando los hilos son tantos que ya no se puede pasar entre medio, los habitantes se van: se desmontan las casas; quedan sólo los hilos y los soportes de los hilos. Telarañas de relaciones intrincadas que buscan una forma"

(I. Calvino, 2006, p. 35)

"La ineludible atracción de un mundo sin forma caracteriza este fin de siglo. Este nuevo modo de ver las cosas es, en verdad, característica de estos últimos años, cuando la comunicación electrónica, la información global y la imagen virtual parecen haber eliminado el interés de las personas por las formas y su representación."

(Texto de R. Moneo en *Arquitectura Viva* n° 66, recogido por
J. M. Barrera, 2010, p. 13)

Eficiente - Experiencial - Proactivo

El mundo moderno debía crear una nueva realidad y se trabajó en
la fabricación, previo diseño, de ésta. El edificio moderno resumía
todas las innovaciones de la técnica y se erigía a menudo como propuesta conceptual en la que integrar personas y técnicas. Un lugar
sano, limpio y eficiente donde las personas podían organizarse
según un orden preestablecido, donde las zonas de uso eran predefinidas como "programa", una función a priori que, en muchos casos
devenía forma según la conocida sentencia de L. Sullivan, *"form ever
follows function"* derivada –no está de más recordar– de una mirada
sobre la naturaleza.

En la 2ª mitad de siglo 20 ya no es ese objeto físico, con unos espacios preparados para unas funciones preestablecidas, el objetivo,
sino que el verdadero edificio lo conforman las relaciones entre sus
habitantes. El compromiso, la aceptación de la diferencia, los acuerdos, primaban sobre la forma construida, y muchas de los ejemplos
de esta época son realizados mediante mecanismos de cooperación,
donde clientes, diseñadores y constructores llegan a puntos de
acuerdo para definir, mediante un proceso, los espacios, acabados y
materiales. El espacio se democratiza y los acuerdos operan previamente al objeto final.

Hoy esta situación gana una dimensión adicional. Aparte de mejorar y
ampliar las posibilidades de interconexión, toma de decisiones y control del proceso mediante tecnologías ubicuas que habitan en los dispositivos, y que permiten esa relación inmediata, la arquitectura relaciona en un nivel superior a las personas y objetos. El espacio ubicuo
es proactivo, el objeto diseñado–aunque no tiene porqué– y la persona
que lo habita, establecen una relación de tú a tú, antes, durante y después del proceso constructivo. El edificio es un avatar, como se ha
planteado, del usuario, no sólo un refugio para el mismo y sus iguales.
Hoy es un entorno de personas y tecnologías privadas donde todo
está en relación, interconectado, en continua reciprocidad.

"Whether it be the sweeping eagle in his flight, or the open apple-blossom, the toiling work-horse, the blithe swan, the branching oak, the winding stream at its base, the drifting clouds, over all the coursing sun, form ever follows function, and this is the law"

(L. SULLIVAN, 1896, p. 408)

"La palabra que gravita en torno a esta idea del habitar será "apropiación", una palabra que explica su parentesco con las comunas y las casas ocupadas, pues éste será el impulso que gravitará en torno al loft, a la forma de colonizar su espacio"

(I. ÁBALOS, 2000, p. 125)

"En el diseño de lugares y cosas inteligentes, la forma puede aún seguir a la función, pero sólo hasta cierto punto. Para el resto, la función sigue al código. Y, si es preciso cambiar una función implementada en el código, no es necesario reconstruir, reformar o sustituir los componentes materiales; sólo hay que conectarse, buscar y cargar"

(W. MITCHELL, 2001, p. 57)

Universal - Sincrónico - Multicrónico

El continuo espacio-temporal einsteniano se tradujo en las artes y en
la arquitectura como una cuarta dimensión del espacio que añadía la
dimensión tiempo (movilidad en el espacio) al objeto. Mediante ella,
la multiplicidad de experiencias puntuales reconfiguradas y reunidas
de nuevo permitían entender de un modo nuevo, mediante un discurso lineal, temporal, dicho espacio. Era un espacio universal, por la
abstracción de los elementos principales de la arquitectura (la planta
y la retícula estructural) ha tenido en el discurso disciplinar. Esta primacía de la transparencia (en horizontal), la relación entre interior y
exterior del objeto artificial sobre el territorio, lo alejaron de la naturaleza mediante una estrategia conceptual independiente del lugar
donde se produzca.

Las arquitecturas que se centraban en la existencia humana se refe-
rían, sin embargo, a una vivencia menos platónica o ideal, alejada
del tiempo real del mundo, para enfocar su mirada en una visión más
aristotélica. El cambio de foco sobre la persona, no sobre el objeto,
hizo que lo figurativo, lo lineal, relacionado con la existencia humana
y su devenir vital, planteara un espacio de situaciones que se producen secuencialmente, sincrónicamente, tal y como las personas las
experimentaban. El curso de las cosas, y por lo tanto, los espacios
donde se producían reflejaban la sincronía de la vida humana.

Pero las nuevas tecnologías han hecho variar esta situación. Hoy se
es capaz de recibir mensajes e interaccionar con personas en diferentes lugares y diferentes tiempos en tiempo real. Los mensajes y
las acciones de los diferentes interlocutores no ocurren ahora, pero
se perciben así, sin tiempo de referencia. El mundo está ocurriendo en tiempo real habiendo sido creado desde diferentes tiempos y
diferentes lugares. La percepción de la realidad ahora ya no es lineal,
sino que se presenta reticular y fragmentaria, sin un tiempo estable.

"Un espacio geométricamente transparente en el sentido euclidiano aparece como el espacio deseable, porque la representación de la transparencia y de la homogeneidad totales simboliza un distanciamiento del lugar y la extensión infinita del tiempo y del espacio."

(T. Ito, 2006, p. 8)

"—¿El Aleph? — repetí.

Sí, el lugar donde están, sin confundirse, todos los lugares del orbe, vistos desde todos los ángulos. A nadie revelé mi descubrimiento, pero volví (...) En ese instante gigantesco, he visto millones de actos deleitables o atroces; ninguno me asombró como el hecho de que todos ocuparan el mismo punto, sin superposición y sin transparencia. Lo que vieron mis ojos fue simultáneo."

(J. L. Borges. 1996, p. 169)

"Esta topología reticular genera un nuevo espacio de interacción social que desborda las fronteras geográficas clásicas, y por tanto las jurisdicciones estatales o municipales. Además del espacio social, también se modifica el tiempo social, sobre todo en el caso de estructuras asincrónicas de interrelación, como las redes telemáticas y los soportes digitales de memorización"

(J. Echeverría, 1997, p. 8)

Abstracto - Concreto - Utópico

Una de las características de la modernidad fue plantear una concepción platónica del mundo basada la confianza en la tecnología, el
positivismo y fe en la ciencia. Este desarraigo del mundo más natural,
provocaba en muchos casos que la arquitectura planteada apareci-
ra como un objeto artificial desligado de su entorno más inmediato.
El espacio era entendido como un vacío conformado mediante unos
objetos y las relaciones de movimiento producidos entre ellos, un
espacio reticulado por una serie de pilares conceptuales, pautado
como un cuadernillo escolar donde el lápiz del diseñador se sabía
seguro entre esas guías.

El cambio a una visión más aristotélica, implementando el concepto
de lugar, topos, a la arquitectura permitió "acercar" al ser humano a
ella, así como ésta se humanizó asumiendo materiales, formas y técnicas derivadas del lugar, del entorno físico-cultural-social donde se
construía. Este acercamiento permitió que la arquitectura cambiara
de color, de formas, de imagen, y resultara más anclada a los sitios
donde se producía. El retorno a la naturaleza y a la sociedad, por encima de la tecnología y la ciencia, operó el cambio.

Hoy se puede afirmar encontrarse en un punto intermedio entre
ambas situaciones. La primacía de la tecnología más avanzada es
ineludible. Pero esa primacía permite llegar al ser humano con mayor
profundidad, ofrece mayores libertades y mayores capacidades de
interacción, haciendo al habitante más capaz. El espacio puede ser
tanto el concreto de un lugar determinado, en el que recibir los inputs
de su historia, cultura y condiciones climáticas, como el espacio –sin
lugar, utópico– de la red que permite modificar el anterior hasta sus
últimas consecuencias. Incluso, simbiotizando uno cercano o tele-
transportando cualquier otro de cualquier parte del mundo. Concreto
o imaginario, el espacio ubicuo lo es porque puede ser ambos a la vez,
ocurriendo en el espacio real.

"El espacio en la arquitectura ha nacido bajo la influencia visualistas y formalistas de las teorías psicológicas. Se lo ha propuesto como la esencia de la arquitectura pero ha derivado en una abstracción formal y vacía, obviando sus dimensiones sociales, simbólicas y políticas"

(P. STEFANI, 2009, p. 2)

"Los espacios que nosotros estamos atravesando todos los días están aviados por los lugares; la esencia de éstos tiene su fundamento en cosas del tipo de las construcciones. Si prestamos atención a estas referencias entre lugares y espacios, entre espacios y espacio, obtendremos un punto de apoyo para considerar la relación entre hombre y espacio"

(M. HEIDEGGER, 1994, p. 8)

"La vida ciudadana se desarrolla en un nuevo espacio social, el espacio electrónico, cuya estructura no es euclídea (...) las tecnologías de la información y la comunicación, han posibilitado una segunda globalización, actualmente en curso, cuyo resultado principal es la progresiva construcción de Telépolis"

(J. ECHEVERRÍA, 2005, p. 78)

Tecnológico- Significante - Mediado

La modernidad suponía la primacía de la ciencia y la tecnología, el progreso, como garante de una mejor y nueva sociedad. Ello permitía crear una nueva realidad en la que hombre y tecnología establecían nuevas relaciones. Los espacios de la arquitectura reflejaban el progreso técnico. Nuevos materiales, nuevas técnicas constructivas, modos de producción ampliaban los campos de desarrollo de la disciplina. Con frecuencia el valor de la arquitectura residía en demostrar el avance técnico que la hacía posible. La habitual pregunta de si una nueva tecnología propicia una nueva arquitectura surge de esta situación. El foco se puso, a veces excesivamente, en la técnica, no en el contenido.

En el entorno existencial el objetivo cambió hacia la persona. Aún asumiendo la posibilidad de las nuevas tecnologías, no se descartan por sistema las antiguas, ya probadas, y que resultan eficientes tal y como el paso del tiempo ha demostrado. Ya no se trata de innovar, alcanzar el último avance técnico para crear un espacio diferente, sino de usar, como herramienta, las nuevas y antiguas técnicas según el lugar y las necesidades de la sociedad que requiere esta arquitectura. La idea de significado "llenaba" a la tecnología y a la arquitectura de contenido.

En la actualidad aparecen las TIC y dan un vuelco a esta situación, ya que la naturaleza, los materiales, las personas, los espacios, hoy, están llenos de una información que es parte de ellos, ya sea como objetos inteligentes, o como espacios inmersivos. El significado de un espacio ya no se busca en la relación unívoca con la tecnología o el significado personal, humano, de las arquitecturas. Hoy ese significado hay que encontrarlo en la información que tecnología aplica sobre los espacios y que es implementada por todos, en este nuevo espacio mediado.

"El racionalismo arquitectónico, que se fundamenta en el mito de una sociedad científica y racionalmente ordenada, coincide con la admiración por las máquinas. Al mismo tiempo que el racionalismo en la arquitectura de principios del siglo XX se identificaba con una concepción analítica de la racionalidad"

(J. M. MONTANER, 1994a, p. 1)

"Durante las últimas décadas, se ha hecho cada vez más claro que esta aproximación pragmática lleva a un entorno esquemático y carente de carácter, con insuficientes posibilidades para el habitar humano. El problema del significado en arquitectura se ha puesto así en primer plano"

(CH. N-SHULZ, 1983, p. 8)

"La pared de plasma reproducía, sin bordes precisos, un paisaje de su infancia, sintió un masaje en su espalda y en sus piernas, una especie de rodillos que en realidad eran bolsas de aire a presión que se trasladaban verticalmente de su cabeza a sus pies, los sentía también en sus muslos... se abandonó a sus instintos más bellos"

(S. P. ARROYO, 2008)

Impuesto - Descubierto - Coproducido

La arquitectura de la modernidad planteaba unos espacios previos en los que la manera de ser apropiados por el usuario estaba predestinada, predefinida. En todo caso, se ofrecían algunos grados de libertad muy controlados, pero siempre desde el orden lógico del proyecto, de una construcción abstracta en la mente del arquitecto, en base a la cual los habitantes podían moverse, siguiendo siempre sus pautas predefinidas. De algún modo podía decirse que el espacio resultaba impuesto "desde fuera" al usuario.

La crítica existencial y los movimientos sociales intentaron dar un vuelco al sistema. Los movimientos cooperativistas y diversas experiencias en los años 60-70 y 80 plantearon un trabajo horizontal, desjerarquizado, donde todos los actores del proceso trabajaban en común para generar una arquitectura desde dentro, no impuesta por factores externos. Esa manera de trabajar se centraba fundamentalmente en las decisiones previas de proyecto, pero el objeto final siempre era una arquitectura en el sentido clásico del término, un edificio, un barrio, un urbanismo que en la mejor de las ocasiones era construido de modo colaborativo.

Hoy el espacio y la arquitectura ya pueden coproducirse a un nivel mayor. Y con ello no sólo se trabaja sobre los factores o actores citados, sino también sobre lo que significa una toma política de posición o incluso una fabricación desde dentro del proceso y objeto construidos. La red de información permite que los usuarios negocien, compartan, programen contenidos, ideas, modos de hacer, y se asocien en un espacio más amplio para terminar definiendo "in situ" los espacios que habitan en cada momento. La arquitectura, el espacio, cambia a cada momento, y se "pliega" a los deseos y necesidades de sus usuarios. Resulta coproducida en tiempo real, pues su grado de flexibilidad es ahora mucho mayor al estar implementada de tecnologías ubicuas.

"De ahí que la apertura que el arquitecto moderno consideraba manejara meras posibilidades abstractas; dejaba espacio de juego para ellas, ciertamente, pero de tal forma que todas las posibilidades contempladas se proyectaran hacia delante como una mera repetición de lo pasado, como acontecimientos previamente programados, configurando en el fondo futuros anteriores"

(L. ARENAS, 2011, p. 24)

"Este movimiento de los años setenta alcanzará ámbitos mucho más amplios que la arquitectura, desde el planeamiento de un diseño participativo, realizado con tecnologías adaptables a los países pobres hasta la propuesta de un urbanismo de participación capaz de integrarse la capacidad de intervención de los colectivos que se autoconstruyen sus viviendas marginales en las grandes ciudades del tercer mundo"

(J. M. MONTANER, 1993, p. 128)

"Los arquitectos, como ya ocurría en siglo XXI, se habían convertido en ensambladores, pero dadas las preferencias y la cultura de los usuarios que ahora encargaban y componían sus casas desde una Web especializada con programas de simulación sencillos, la labor de los arquitectos estaba más ligada a la investigación. Su objetivo era analizar, mejorar y proponer nuevas combinatorias en relación con los nuevos materiales disponibles o las nuevas técnicas de gestión energética o estructural. Existían grandes catálogos de elementos compatibles (...) Los software de diseño para arquitectos eran en realidad sistemas de programación ayudados que les permitían elaborar algoritmos propios"

(S. P. ARROYO, 2008, p. 2).

Física · Sensorial · Potencial

La flexibilidad pasó por diferentes estadios a lo largo del siglo pasado. En la modernidad, la flexibilidad se asociaba a la idea de dar el mayor número de posibilidades físicamente construidas a los habitantes de los espacios. Un catálogo de variables, de morfologías, de tipologías, dimensionales y de posición que debían responder a las necesidades humanas, y si además podían prefabricarse, mucho mejor.

En la época en la que la cultura existencial revisó esta situación, la flexibilidad definida de ese modo sufrió un revés. El espacio de fragmentó, perdió parte de esa función previa y se asoció a la persona, empezó a cubicarse en microespacios que reflejaban las necesidades más personales. Esa fragmentación retomó la idea de una flexibilidad privada, modular si se quiere, pero ya no universal para un sujeto tipo, sino reticular para un conjunto cambiante de habitantes insertos en una trama homogénea. Pasó de ser una libertad físicamente definida a ser una libertad sensorial de las personas y grupos de ellas que habitaban dichos espacios, a una flexibilidad menos condicionada por el objeto.

Actualmente, la idea de espacio ubicuo plantea un modo diferente de entender el concepto flexibilidad. Esta ya no depende del espacio físicamente definido, de sus variaciones, combinaciones o mutaciones debidas a elementos móviles insertos en ella. El sistema de objetos, de muebles técnicos configuradores de espacio, también pierde fuerza. Lo que hoy protagoniza un espacio flexible es la tecnología aplicada en ella. No tanto por las posibles variaciones técnicas, materiales, de ámbitos, dimensiones o posición, sino de las potencialidades que esa tecnología ubicua, dispersa, invisible, permite desarrollar a los usuarios que la habitan. Los espacios cambian con las acciones aplicadas por las personas que interactúan proactivamente con ellos.

"La flexibilidad de la arquitectura moderna mantenía un carácter abstracto y predeterminado en tanto que su diseño estaba al servicio de una mera generalización estadística: una media aritmética que, sin embargo, no correspondía a ningún particular real"

(L. ARENAS, 2011, p. 24)

"Aquellos arquitectos contemporáneos que, como L. Kahn, por ejemplo, experimentaron al principio con distribuciones flexibles, acabarán rechazando completamente la idea de los elementos móviles de división (...) El límite móvil no da una respuesta a la necesidad humana de un 'lugar en que residir', lugar al que pertenece y en el que se encuentra bien"

(C. VAN DE VEN, 1977, p. 40)

"... la arquitectura contemporánea (...) debe (...) convertirse en un participante más del juego, en un elemento posibilitador que tenga la capacidad de activar situaciones (...) Por ello aquí la forma no sigue ya a la función sino que coevoluciona con los acontecimientos en curso"

(L. ARENAS, 2011, p. 25)

Hi Tech - Low Tech - Mix

El proyecto moderno debía levantar los cimientos de una sociedad, de una cultura y para ello se necesitaba una industria que refrendara técnicamente esa necesidad. Todos los campos del conocimiento intentaron integrarse en un proyecto común, el de la sociedad maquinista cuyos referentes eran los avances tecnológicos de la época, el avión, el paquebote, el automóvil. La industria que desarrollaba estos artefactos trabajaba con elementos de gran dimensión, y la arquitectura que derivaba necesitaba incorporar estos elementos para ofrecer, asegurar y calidad, economía y modularidad a dicha empresa común.

Sin embargo la época de las grandes construcciones devino pesada, sólida, cara y poco eficiente. La crisis del Estilo Internacional hizo que el enfoque cambiara, volviendo la mirada al ser humano. Habitar era una empresa individual. Los métodos de fabricación cambiaron su escala. Los módulos se humanizaron y A. Aalto proclamó que su módulo era el milímetro. La vuelta a lo manual puso las bases de una prefabricación como bricolaje, de elementos intercambiables, como el balloon-frame americano o empresas tipo IKEA que a una industria más pesada.

Hoy se puede construir desde los ordenadores personales enviando el diseño a impresoras 3D, usando códigos abiertos que cualquier persona puede modificar. Un diseño puede servir a otra persona que se conecta en Japón y ser construida por otra que tiene dicha impresora en México.

En la cultura del Espacio Ubicuo no hay referente icónico, existe un chip casi invisible que permite construir cualquier cosa, para aplicarla inmediatamente sobre lo ya existente. Tampoco hay porqué construir de nuevo un mundo. El mundo ya está ahí, y su materialización no necesita iconos formales que seguir. Materializar hoy es remezclar, modificar, revitalizar lo existente con las TIC, aceptar mayor grado de complejidad obtenida de la mezcla de intereses y potencialidades de las personas.

"Eso conlleva la búsqueda de unas tecnologías intermedias, es decir, basadas en elementos producidos industrialmente y en serie, pero pensados de manera que por su forma, tamaño y constitución material faciliten la manipulación de ellos por parte de la gente (...) Esta premisa de romper con la tradición del diseño industrial moderno y pensar un nuevo estatuto para los objetos: unos objetos pensados para un montaje fácil, realizados con materias naturales y dirigidos a las culturas locales"

(J. M. MONTANER, 1993, p. 128)

"La asociatividad es el método de software para construir el proyecto arquitectónico en una larga secuencia de relaciones, desde las primeras hipótesis conceptuales hasta la dirección de las máquinas que prefabrican los componentes que deberán montarse en la obra"

(P. BEAUCÉ y B. CACHÉ, 2009, p. 101).

"Las formas de diseño y de producción en la era de la información se asemejan a una forma de bricolaje: los programas de ordenador con los que trabaja ya cualquier profesional son marcos según los cuales se definen determinadas acciones y se combinan determinados elementos"

(A. FERRÉ y J. SALAZAR, 2007, p. 21).

CONCLUSIONES

(FAQ)

Se ha intentado a lo largo de esta investigación dar respuesta a una serie de preguntas que surgen al plantear toda nueva proposición. Estas se pueden desglosar en tres grupos o categorías:

Un primer grupo de refiere al propio carácter del espacio. La segunda a su posible aplicación y la última a los avances que su uso puede plantear en la práctica real.

FAQ 1: ¿Es posible CATEGORIZAR el espacio ubicuo?

1.1 ¿Las nuevas tecnologías posibilitan la aparición de un nuevo tipo de espacio diferente a los hasta ahora conocidos?

1.2 ¿Se puede identificar un conjunto razonable de características específicas para este tipo de espacio?

1.3 ¿Se puede tener la certeza de que éstas son completas?

FAQ 2: ¿Supone una nueva manera de ENTENDER la disciplina?

2.1 ¿La existencia de estas características permitiría abrir nuevos campos de trabajo y/o modificar los ya habituales?

FAQ 3: ¿Supone una mejora a la hora de HACER arquitectura?

3.1 ¿En qué aspectos reales esa delta-mejora permite dar un paso más allá en el sistema económico-productivo actual?

Para responder a ellas se ha caracterizado este modelo de espacio mediante una serie de conceptos extraídos de los ámbitos y marcos de estudio trabajados, para ilustrar una idea alternativa y holista del mismo.

A la primera pregunta acerca de si las nuevas tecnologías eran capaces de provocar la aparición de un tipo de espacio diferente a los conocidos, se puede responder que éstas son, ciertamente, el punto de partida. La revolución que está ocurriendo, la 3ª era computacional o tercera plataforma, deriva directamente de esta nueva situación tecnológica y de los cambios que se plantean en los modos de vivir, relacionarse, entender el mundo, que afectan a prácticamente toda la sociedad por igual. Estas tecnologías plantean nuevas maneras de hacer, de plantear tanto el problema individual como el colectivo, bajo un punto de vista múltiple: procesual, proyectual, material y de gestión.

La arquitectura, gracias a ellas, y "mediante" ellas, ha llegado de nuevo al ámbito de la persona, ha "bajado" de su pedestal como disciplina reservada para sólo unos pocos y hoy es un campo de trabajo en el que cualquier persona puede intervenir de manera transversal, colaborativa.

La tecnología ha democratizado el conocimiento —con todas las salvedades económico-política-sociales que la brecha digital supone— pero la realidad es que hoy casi todo el mundo tiene acceso a ellas y a las potencialidades que ofrecen. Y además se puede entender este cambio de situación en el sentido de que el espacio arquitectónico ya no se puede entender como un conjunto de conceptos teóricos que basan su verosimilitud en la disciplina arquitectónica y su construcción física. Ni tampoco supone la culminación de aquél espacio existencial, sino que se puede decir que supone la efectiva y nueva integración del factor humano y el tecnológico en un modelo actualizado, contemporáneo.

Hoy dichas categorías se mezclan. La arquitectura existe y gracias a las TIC, estará llena de capacidades, ubicuamente distribuidas, por lo que se puede apuntar a un nuevo carácter del hecho artificial que hasta ahora ha significado la arquitectura. A partir de ahora, ésta, como figura, se funde con el fondo, la naturaleza. Debe de entenderse como un ambiente natural mediado, creando un entorno relacional más humano.

Este modelo de espacio anula la arquitectura entendida como forma, estilo u objeto construido. Ahora, implementada de tecnologías visibles e invisibles, renueva su carácter devolviéndola a su origen, el de albergar a las personas para que la habiten según sus necesidades, sin imposiciones formales o funcionales previas. La persona es la protagonista de esta revolución. El medio y el fin último que permite crear estos nuevos lugares y construirlos según su propia experiencia. Las tecnologías son la excusa para devolver al ser humano la condición de constructor de su identidad, mediante las acciones que implementa.

A la segunda pregunta planteada acerca de si se puede identificar un conjunto razonable de características específicas para este tipo de espacio, se ha respondido a través de esa serie de acciones que las personas realizan sobre él. La investigación ha planteado una caracterización de la esencia del habitar humano derivado de la implementación de las nuevas tecnologías de la información planteando, a través de dichas acciones que, como verbos, han permitido adjetivar así a este nuevo tipo de espacio. Se han planteado dichas características a partir de tres conceptos básicos, que son el de la nueva concepción del ser humano, las bases lógicas de la teoría arquitectónica revisitados y el componente social que toda propuesta debe potenciar.

Dada la nueva manera de entender a la persona hoy, se ha propuesto la idea de que ésta y la arquitectura se funden en una nueva unidad, la arquitectura es parte de la persona en cuanto a la capacidad de ser entendida casi como un objeto "*wearable*". Los espacios físicos resultan modificados incluso dimensionalmente con las tecnologías, y los espacios mentales, privados, viajan a través de ellas. Se plantea una nueva entidad persona-arquitectura capaz de modificar la realidad, el espacio, la propia arquitectura, que no actúa sola, sino en grupo, en común. De esta idea se han extraído una serie de características tendentes a ver el hecho arquitectónico tanto desde el punto de vista de su producción como su componente colaborativo.

Una pregunta importante es si se puede tener la certeza de que dichas características son completas, si son suficientes para llegar a abarcar todos los ámbitos necesarios como los entornos que definen la realidad.

Algunas características del mundo actual pueden no haber estado representadas –economía, sostenibilidad, ecología...– quizá por entenderlas como categorías no plenamente aplicables a este estudio, aunque se deja la puerta abierta a que otras investigaciones acometan la tarea. Pero se plantea que, sin querer dejar de lado estos aspectos, también importantes, el grupo de características desglosado son suficientemente completas para tener una visión global de un nuevo modelo espacial acorde a esta época, y que perfectamente pueden ser fácilmente traspolables a los campos no analizados.

Una penúltima pregunta versaría acerca de si estas características definían un tipo de espacio que sería aplicable al mundo real, no quedándose en el plano teórico. De las características y los ejemplos analizados en las páginas anteriores, se deriva la efectiva posibilidad de redefinición de prácticamente todo el campo de la praxis disciplinar y su efectiva aplicación en la vida real, en el trabajo del arquitecto hoy.

Y la última pregunta, directamente relacionada con el carácter metodológico, normativo y legal en el que toda propuesta debe de enmarcarse para ser viable, apela a la posibilidad de que este campo de conocimiento se filtre en los mecanismos legales de gestión y definición de la arquitectura (planeamiento urbano, sistemas de gestión...), ya que el carácter pragmático de esta mirada prima sobre el teórico.

Se ha respondido también a ésta reclamando que la aplicación de las nuevas tecnologías a través de los planeamientos y leyes que lo desarrollan es, además de posible, necesaria e innegociable, ya que deben de fundamentar un paso adelante en el progreso humano, técnico y social defendidos aquí, ilustrado además con algún ejemplo incipiente.

APLICACIÓN

Se abre una nueva era laboral. Los campos de trabajo para el arquitecto se están redefiniendo. Aparecen nuevos modos de entender la profesión ligados a las posibilidades que dan las TIC, que se pueden concretar en 3 ámbitos fundamentales, dejando de lado el de la crítica arquitectónica, o el de la publicación escrita y/o digital de ideas, cuya relación con el mundo digital ocupa un apartado más ligado al metodológico-factual que propositivo. Estos ámbitos serían: La rehabilitación-construcción, el asociacionismo y en la programación.

Por un lado aparece el campo de la rehabilitación de espacios ya existentes, aplicando las nuevas tecnologías de la información. Éste, a partir de ahora, será un campo fundamental de estudio pues es aquí principalmente donde se va a reflejar el corpus conceptual básico de la teoría del espacio que se ha presentado en este trabajo. Que no es otro que el entendimiento de que el espacio planteado es un espacio aplicado a otros, con los usuarios, y que engloba así todos los campos posibles de la práctica arquitectónica.

Por otro lado seguirá siendo necesario redefinir el campo de la obra nueva, el edificio ex-novo, en la que integrar desde el inicio del sistema productivo las tecnologías de la información formando parte indisoluble del proceso formal, espacial, material. Pero no será el marco principal.

Rehabilitar y Construir son dos caras de la misma moneda. Mejor que usar el término rehabilitar, se propone el de revitalizar o el de actualizar, pues esta idea supone la adición del chip vital que cada persona implementa en el espacio, haciéndolo suyo, haciéndolo de los otros, dándole vida de un modo completamente nuevo. Apasionante tarea ésta, comenzada incipientemente a desarrollarse por algunos estudios, replanteando nuevas formas para las nuevas necesidades, nuevas maneras de generar espacios y de experimentar éstos dependiendo de nuevos materiales destinados a la generación de entornos sensibles.

Dentro de este segundo campo también se debe atender al momento en el que el arquitecto pasa a formar parte de la producción "real" de elementos físicos relacionados con la industria de la construcción, mediante el uso de máquinas de control numérico. Llevado al límite, aparece la posibilidad de control, intercambio de programas e incluso reprogramación de los mismos por parte de cada persona. Un nuevo escenario de coproducción y prefabricación asociada a esta era.

Un tercer entorno de análisis, emergente como se ha visto, es el de la creación de espacios sociales virtuales en la propia ciudad construida, como lugares de asociación y diálogo entre personas que se reúnen también de modo virtual para desarrollar una actividad real y social. Son éstas las propuestas que han ido surgiendo mediante la utilización de las redes para conseguir un efecto movilizador frente a no deseadas situaciones urbanas, en las que mediante un talante transgresor hacia las normas establecidas, se plantean nuevas vías de acción.

Y por último, y no por ello menos interesante, aparecerá el mundo de la arquitectura virtual, generada para videojuegos, realidad virtual, realidad aumentada, en las que nuevas posibilidades ligadas a lo virtual trazan escenarios altamente sugestivos. Este campo abierto no sólo plantea la posibilidad de "jugar" en red, sino que también añade el componente intrínseco de la programación de sistemas, donde los arquitectos, como programadores, deberán ir estableciendo los parámetros de juego para generar una la arquitectura basada en la capa de datos compartida.

Se avanza aquí una idea posible: Los espacios que se generarán-modificarán a partir de ahora serán actualizados mediante aplicaciones informáticas tipo Programas Configuradores Multifunción que harán posible la interacción entre contenedor mediado, red de información y la vida de los usuarios que les darán sentido con sus dispositivos, merced a la proactividad de estas arquitecturas a-funcionales sin carácter previo.

REFLEXIÓN FINAL

Se da así por acabada (o iniciada), la tarea de definir el espacio ubicuo que se ha propuesto en esta investigación. Quizá el objetivo final de ésta no sea más que el de realizar una llamada de atención al colectivo sobre el entorno cultural en el que se encuentra la profesión, en una época de cambio a la que se debe dar una respuesta valiente y comprometida en base a nuevos factores tecnológicos y sociales.

Porque ya no es posible retirarse a la soledad del papel, sino que hay que verse necesariamente obligados a compartir, colaborar y adquirir nuevos conocimientos de otros campos. El mundo de la arquitectura y el de la informática deben coexistir e interrelacionarse, viajar en paralelo.

El marco conceptual de las teorías informáticas es el de la "arquitectura de sistemas", sistemas de retroalimentación que permiten aprender en cada proyecto para ampliar en cada iteración las potencias del proceso.

Todo esto lleva a reconsiderar la situación del arquitecto en el proceso creativo-productivo. El arquitecto deberá dar un consciente paso atrás en sus expectativas de diseño y deberá dejar al usuario que implemente a modo de "inputs", su vida real. O virtual, que es lo mismo.

Y deberá dar ese positivo paso atrás para acompañarse de otros muchos profesionales de distintos entornos que le ayuden a definir espacios físicos –hardware– a través de programas –software– que permitan al usuario final customizar y modificarlos según sus deseos.

El protagonismo por tanto, es ahora, del habitante. El será quien dé un paso adelante, definiendo con sus medios técnicos y programas de interacción cómo va a modificar el contenedor físico de su espacio vital. La persona y la íntima "esfera" informacional que lo acompaña, viaja por el espacio interactuando con éste para materializar la arquitectura aquí propuesta. Será el usuario quien defina el carácter final del espacio.

Antes de acabar es necesario realizar algunas apreciaciones finales, que resulta obligado hacer, dada la intención holista del trabajo y de las conclusiones aparentemente globalizadoras a las que se pretende llegar.

En primer lugar, se entiende que con las ideas analizadas se abarca un espectro amplio y suficiente de miradas para poder caracterizarlo. Fuera han ido quedando –conscientemente– algunas visiones relacionadas con temas económicos, ecológicos, de sostenibilidad o técnicos que podían ser menos representativos para el objetivo de esta investigación.

En segundo, los modelos analizados, tanto el espacio moderno, el existencial o el ubicuo propuesto, han sido tratados con un grado de abstracción que se antoja necesario para visualizar sus diferencias, aún a pesar del consiguiente riesgo de generalización que conlleva para resultar suficientemente ilustrativos y elaborar una mirada sintética.

Y en tercer lugar, es importante destacar que algunas de las categorías estudiadas pertenecen a varios de estos campos simultáneamente, no están cerradas o son independientes del resto, sino que hay solapes conceptuales, al tratarse de un trabajo que refleja visiones complementarias sobre un tema, donde el límite a veces, se difumina.

Esta interacción se produce tanto dentro de cada una de éstas, como entre ellas, de modo transversal. Lo importante es poder extraer a partir de todas, una serie de parámetros que a modo de herramientas conceptuales y proyectuales permitan afrontar la apasionante misión de plantear una manera de hacer hoy, que suponga una honesta y comprometida visión de la praxis diaria en la era de la tecnología digital.

Se han establecido una serie de hipótesis para caracterizar un modelo de espacio ligado al entorno cultural en la era digital. Las actualizaciones del modelo que se producirán día tras día en la realidad irán desvelando puntos de encuentro y alternativas a la investigación aquí iniciada.

Valencia, mayo de 2017

BIBLIOGRAFÍA

ARQUITECTURA Y VIVIENDA

Ábalos, I. y Herreros, J. (1992) *Técnica y arquitectura en la ciudad contemporánea: 1950-2000*. Barcelona, Editorial Nerea.

Ábalos, I., (2000) *La buena vida.* Barcelona, Editorial Gustavo Gili, S. A.

Alonso, R., (2004) "El espacio expandido", en art. Es, 6-7, Madrid, noviembre 2004/febrero 2005

Allen, S., (2009) "Velocidades terminales: El ordenador en el estudio de diseño", en Ortega, Ll. (ed), *La digitalización toma el mando.* Barcelona, Editorial Gustavo Gili, S. A.

Amann, A., (2011) *El espacio doméstico: La mujer y la casa.* Buenos Aires, Editorial Nobuko.

Argan, G. C., (1979) *El concepto del espacio arquitectónico desde el barroco a nuestros días.* Buenos Aires, Nueva Visión.

Baraona, E. y Reyes, C., (DPR Barcelona) (2011), "Cloud Housing. De cohabitar y otras mezclas transitorias" en *La Ciudad Viva.* (On line) disponible en http://www. Laciudadviva. Org/blogs/?p=10491 (Consultado eldía 28-09-2012)

Beaucé, P. y Caché, B., (2009) "Hacia un modo de producción no estándar", en Ortega, Ll. (ed), *La digitalización toma el mando*, Barcelona. Editorial Gustavo Gili, S. A.

Brayer,M. A., (2008) *Después de la arquitectura. Ambientes maquínicos.* Catálogo de la Bienal de Sevilla.

Carpo, M., (2009) "La desaparición de los idénticos", en Ortega, Ll. (ed), *La digitalización toma el mando.* Barcelona, Editorial Gustavo Gili, S. A.

Davies, C., (2008) Conferencia 03/10/2007, en Herreros, J., (comp.) *Vivienda y espacio doméstico en el siglo XXI*, Madrid, La Casa Encendida.

Eliasson, O., (2009) *Los modelos son reales.* Barcelona, Editorial Gustavo Gili, S. A.

Fernández Lorenzo, P., (2015) *Hacia una vivienda abierta concebida como si el habitante importara.* Buenos Aires. Diseño Editorial.

Ferré, A. y Salazar, J., (2007) *"Informe de tendencias. Arquitectura"* Barcelona, Editorial ACTAR

Frazer, J., (2009) "Un modelo natural para la arquitectura", en Ortega, Ll. (ed), *La digitalización toma el mando*. Barcelona, Editorial Gustavo Gili, S. A.

Gausa, M., (1998) *Nuevas alternativas, HOUSING, nuevos sistemas!*. Barcelona, Actar Publishers.

González, P., (2010a) "La vivienda conquistada" en *La Ciudad Viva* (On line) disponible en http://www. Laciudadviva. Org/blogs/?p=7911 (Consultado 01-02-2011)

González, P., (2011) "La vivienda conquistada como espacio productivo" en *La Ciudad Viva* (On line) disponible en http://www.Laciudadviva. Org/blogs/?p=8353 (Consultado 01-02-2011)

Habraken, N. J. *et al.*, (1979) *El diseño de soportes*. Barcelona, Editorial Gustavo Gili, S. A.

Herreros, J., (2010) "Espacio doméstico y sistema de objetos" en *Otra Mirada*. Barcelona, Editorial Gustavo Gili, S. A.

Ibelings, H., (1998) *Supermodernismo*. Barcelona, Editorial Gustavo Gili, S. A.

Ito, T. (2000) *Escritos*. Murcia, Edita Colegio Oficial de Aparejadores y Arquitectos Técnicos de Murcia.

Ito, T. (2006) *Arquitectura de límites difusos*. Barcelona, Editorial Gustavo Gili, S. A.

Kronenburg, R., (2007) *Flexible. Arquitectura que integra el cambio*. Barcelona, Editorial Blume.

Lynn, G., (2009) "Una forma avanzada de movilidad", en Ortega, Ll. (ed), *La digitalización toma el mando*. Barcelona, Editorial Gustavo Gili, S. A.

Maderuelo, J., (2008) *La idea de espacio en la arquitectura y el arte contemporáneos 1960-1989*. Madrid, AKAL S. A.

Moneo, R., (1978) "Entrados ya en el último cuarto de siglo" en *Arquitecturas Bis*, n° 22, Mayo 1978

Montaner, J. M., (1993) *Después del movimiento moderno*, Barcelona, Editorial Gustavo Gili, S. A.

Montaner, J. M., (1994) *Ensayo sobre arquitectura moderna y lugar*, A Coruña, Edita Universidade da Coruña.

Montaner, J. M., (1994a) "El racionalismo como método de proyectación: progreso y crisis" conferencia dictada en la ETSA, 30-11-1994

Montaner, J. M., (2014) *Del diagrama a las experiencias, hacia una arquitectura de la acción*. Barcelona, Editorial Gustavo Gili, S. A.

Monteys, X., y Fuertes, P., (2001) *Casa Collage. Un ensayo sobre la arquitectura de la casa*. Barcelona, Editorial Gustavo Gili, S. A.

Norberg-Shulz, Ch., (1975) *Existencia, espacio y arquitectura*. Barcelona, Editorial Blume.

Norberg-Shulz, Ch., (1983) "El pensamiento de Heidegger sobre la arquitectura" en *Perspecta: The Yale Architectural Journal*, número 20, 1983.

Novak, M., (1991) "Liquid Architecture in Cyberspace" en Benedikt, M., (ed) *Cyberspace: First Steps*. Cambridge MIT Press.

Novak, M., (2002) "Liquid Architecture in Cyberspace" en Spiller, N., (ed) *Cyber Reader. Critical Writings for the digital era*. Londres, Editorial Phaidon.

Pallasmaa, J., (2006) *Los ojos de la piel*. Barcelona, Editorial Gustavo Gili, S. A.

Paricio, I. y Sust,X., (1998) *La vivienda contemporánea. Programa y tecnología*. Barcelona, Edita Institut de tecnología de Catalunya – ITEC.

Pérez Arroyo, S., (2008) "Vivienda y Tecnología" en *ARQUITECTOS*, Madrid, Edita COAM.

Solá Morales, I., (1995) *Diferencias. Topografía de la arquitectura contemporánea*. Barcelona, Editorial Gustavo Gili, S. A.

Solá Morales, I., (2001) "Arquitectura Líquida" en *DC Revista de crítica arquitectónica*, n° 5-6,

Soriano, F., (2004) *Sin_tesis.* Editorial Gustavo Gili, S. A.

Sota, A., (1989) "Recuerdos y experiencias", en *Alejandro de la Sota, arquitecto.* Madrid, Editorial Pronaos.

Sullivan, L., (1896) "The Tall Office Building Artistically Considered" en *Lippincott's Magazine* (March 1896), Disponible en https://archive. Org/stream/tallofficebuildi00sull#page/n5/mode/2up (Consultado el 09-09-2015)

Teige, K., (2002) *The Minimum dwelling.* The MIT Press.

Tóchez, M., (2010) "Vivienda. Evolución o transformación" en *La Ciudad Viva* (On line) disponible en http://www. Laciudadviva. Org/ blogs/?p=7123 (Consultado 01-02-2011)

Van de Ven, C., (1981) *El espacio en arquitectura.* Madrid, Editorial Cátedra.

VV. AA., (2008) *Vivienda y espacio doméstico en el siglo XXI.* Madrid, La Casa Encendida.

VV. AA., (2000) *Domus Digital,* sept 2000. Madrid, Revista *ASTRAGALO* Cultura de la Arquitectura y la Ciudad.

FILOSOFÍA Y SOCIEDAD

Augé, M., (1992) *Non lieux: Introduction à l'anthropologie de la surmodernit.* París, Editorial Seuil.

Augé, M., (1993) *Sobremodernidad. Del mundo de hoy al mundo de mañana.* Documento HTML. (On line) Disponible en http://www. Memoria. Com. Mx/129/auge. Htm (Consultado el día 03-09-2015)

Arenas, L., (2011) "Hacia una arquitectura líquida" en Barrera, J. M. (ed.), *Arquitectura y pensamiento.* Valencia, Edita UPV.

Arendt, H., (1958) *The human condition.* Chicago. The University of Chicago Press.

Arnaud, N. (1994) Citado en Bachelard, G., *La poética del espacio.* MEXICO, Editorial Fondo de Cultura Económica.

Bachelard, G., (1994) *La Poética del espacio.* MEXICO, Editorial Fondo de Cultura Económica.

Barrera, J. M., (2010) *Surcos, Estrategias, sistemas y los no lugares en la arquitectura del siglo XXI.* Valencia, General de ediciones de Arquitectura.

Baudelaire, Ch., (1863) *El pintor de la vida moderna.* Nueva York: Da Capo Press, 1964. Orig. publicado en Le Figaro

Bauman, Z., (2006) *Modernidad Líquida.* Buenos Aires, Editorial Fondo de Cultura Económica de Argentina, S. A.

Bergson, H., (1923) *Durée et simultanéilé à propos de la théorie d'Einstein.* Deuxième édition, augmentée. Paris, Editorial Alcan.

Borges, J. L., (1949) *El Aleph.* Buenos Aires, Editorial Emecé.

Calvino, I., (1989) *Seis Propuestas para el próximo milenio.* Madrid, Ediciones Siruela.

Calvino, I., (2006) *Las Ciudades Invisibles.* Madrid, Ediciones Siruela.

Castells, M., (1996) *La Sociedad Red. La era de la información.* Vol 1. Madrid, Alianza Editorial.

Castells, M., (1997) *El Poder de la identidad. La era de la información.* Vol 2. Madrid, Alianza Editorial.

Castells, M., (1998) *Fin de Milenio. La era de la información.* Vol 3. Madrid, Alianza Editorial.

Castells, M., (2015) Entrevista en *La Tuerka*, Público TV, Madrid, 14-06-2015 en el programa "Otra vuelta de tuerka" Disponible en https:// www. Youtube. Com/watch?v=dU-MD3NqmQ8 (Consultado el 14-06-2015)

Echeverría, J. (1995) *Cosmopolitas Domésticos.* Barcelona, Editorial Anagrama.

Echeverría, J. (1997) "21 tesis sobre el tercer Entorno, Telépolis y la vida cotidiana". Ponencia en la *XIV Congreso de Estudios Vascos: Sociedad de la Información* (14. 1997. Donostia, Bilbo, Gasteiz, Iruñea, Baiona, Madrid). – Donostia : Eusko Ikaskuntza, 1998.

Echeverría, J. (1999) *Los Señores del aire: Telépolis y el Tercer Entorno.* Barcelona, Editorial Destino.

Echeverría, J., (2004) *Tecnocuerpos TIC en art. Es* nº 5. Disponible en http://www. Mecad. Org/e-journal/numero9/html/sesion_01_14. Htm (Consultado 05-09-2014)

Echeverría, J. (2005) "La expansión de Telépolis" en *ARQUITECTOS* nº 176, Edita COAM.

Echeverría, J. (2013), *Entrevista para el Observatorio Iberoamericano de Ciencia, Tecnología y Sociedad.* Disponible en https://www. Youtube. Com/watch?v=WBaKp2hYHh8 (Consultado el día 27-06-2105)

Guattari, F. y Deleuze, G., (1988) *Mil mesetas.* Valencia, Editorial Pre-Textos.

Heidegger, M., (1994) *Construir, habitar, pensar.* Barcelona, Ediciones del Serbal, S. A..

Hildebrand, A., (1988) *El problema de la forma en la obra de arte.* Madrid, Editorial Visor.

Jarauta, F., (2011) Introducción (Transcripción dela conferencia) en Barrera, J. M. (ed) *"Miradas para un cambio de paradigma. 1 seminario arquitectura y pensamiento"*. València, General de Ediciones de Arquitectura.

Lefebvre, H., (1991) *The production of space*. Oxford, Blackwell Publishing Ltd.

Molinuevo, J. L., (2006) *La vida en tiempo real. La crisis de las utopías digitales.* Madrid, Editorial Biblioteca Nueva, S. L.

Rubio, A., (2011) "Un nuevo paradigma desde la experiencia: negatividad y ontología") en Barrera, J. M. (ed) *"Miradas para un cambio de paradigma. 1 seminario arquitectura y pensamiento"*. València, General de Ediciones de Arquitectura.

Sánchez, C., (2015) *Arendt*. Madrid. Biblioteca Descubrir la Filosofía. N°23, Ed. Batiscafo.

Sloterdijk, P., (2010) "Actio in distans" en Aranzueque, G. (ed) *Ontología de la distancia,* Madrid, Abada Editores S. L.

Thompson, F (1981) "Unity of time and space" en *Arkkitethi*, n° 2 Disponible en http://arkitekturforskning. Net/na/article/viewFile/552/500 (Consultado el día 12-12-2015)

Tsutomu Toda (1994) *Tosogare no Kijutsu.* Tokio, Editorial Heibonsha.

Valéry, P., (1960) "La Conquête de l'ubiquité" *OEuvres, Pièces sur l'art*, Paris, Gallimard, Bibliothèque de la Pleiade, vol II.

Verdú, V., (2003) *El estilo del mundo.* Barcelona, Editorial Anagrama S. A.

Virilio, P., (1999) *La bomba informática.* Madrid, Editorial Cátedra S. A.

Von Hippel, E., (2005) Democratizing Innovation". London, The MIT Press Massachussetts Institute of Technology.

TECNOLOGÍA Y CIBERCULTURA

Alonso, J., (2001) "Reseña de La era de la información" de Manuel Castells, "La red" de Juan Luis Cebrián y "Los señores del aire: telépolis y el tercer entorno" de Javier Echeverría" en *Desacatos*, núm. 6, primavera-verano. 2001 Centro de Investigaciones y Estudios Superiores en Antropología Social Distrito Federal, México

Asimov, I., (1951) *La Fundación*. Madrid, Editorial. Cenit.

Benedikt, M., (1991) *Cyber space: Some proposals*. Cambridge, MITT Press.

Benedikt, M., (2008), "Cityspace, Ciberespacio y el Spatiology de información" en *Journal of Virtual Worlds Research* (http://jvwresearch. Org/), Volumen 1, 1, Disponible en http://www. Mbenedikt. Com/ space-in-information. Pdf (Consultado el día 15-10-2012)

Benedikt, M., (2012) "On Bachelard's The Poetics of Space now", en Center 17, Space and Psyche, Center for American Architecture and Design, in press. Disponible en http://www. Mbenedikt. Com/ on_the_poetics_of_space-6. Pdf (Consultado el día 15-10-2012)

Brand, S., (1994) *How Buildings Learn. What happens after they are built.* N. York, Penguin.

Brooker, Ch., (2012) *Black Mirror*, Cap 2, 1ª Temporada, "15 millones de méritos" TNT, 2012" Disponible en http://www. Canaltnt. Es/serie/ black-mirror/1/2/15-millones-de-meritos (Consultado el día 05-09-2012)

Carr, N., (2011) *Superficiales*. Madrid, Santillana Ediciones Generales, S. L.

CORNING INCORPORATED (2012) *"A Day made of Glass"* Disponible en https://www. Corning. Com/cala/en/innovation/a-day-made-of-glass. Html

ECOSISTEMA URBANO (2012) "La cuarta dimensión" en *La Ciudad Viva* (On line) disponible en http://www. Laciudadviva. Org/ blogs/?p=13545 (Consultado 05-09-2012)

Fajardo, C., (1999) "Hacia una estética de la cibercultura" en Especulo. *Revista de estudios literarios*, n° 10. Universidad Complutense de Madrid. Disponible en http://www. Ucm. Es/info/especulo/numero10/ est_cibe. Html (Consultado el día 15-09-2009)

Gibson, W., (2010) *Neuromancer.* Barcelona, Editorial Minotauro.

Gershenfeld, N., (2005) *Fab. The Coming Revolution on Your Desktop – From Personal Computers to Personal Fabricactio.* New York, Basic Books.

Gianetti, C., (2008) *Del Cuerpo Mecánico Al Cuerpo Virtual,* 23 dic. 2008, Disponible en www. Mecad. Org/ejournal/numero8/art_6. Htm (Consultado el día 05-11-2012)

Gros, B., (2001) "De la cibernética clásica a la cibercultura", en *Teoría de la Educación: Educación y Cultura en la Sociedad de la Información,* n° 2. Disponible en http://www. Webmrte@usal. Es (Consultado el día 15-03-2012)

Guallart, V., (2004) *Media House.* Barcelona, Editorial ACTAR. Disponible en http://www. Iaac. Net/projects/media-house-29 (Consultado 05-09-2014)

Haraway, D., (1985) "A Cyborg Manifesto: Science, Technology, and Socialist-Feminism in the 1980s" en *Socialist Review,* 80

Lévy, P., (1997) *La cibercultura, ¿el segon diluvi?* Barcelona, Ed. UOC.

Lévy, P., (1999) *¿Qué es lo virtual?* Barcelona, Ediciones Paidós Ibérica, S. A.

Lovink, G., (1994) "The Data Dandy and Sovereign Media: An Introduction to the Media Theory of ADILKNO" en *Fifth International Symposium on Electronic Art.* Helsinki, Finland. August 24.

Manovich, L., (1998) "Avant-garde as Software" en *Artnodes: revista de arte, ciencia y tecnología,* Disponible en http://www. Uoc. Edu/artnodes/espai/esp/art/manovich1002/manovich1002. Html (Consultado el día 05-04-2008)

Manovich, L., (1998) "Navigable Space" en http://manovich. Net (On line)Disponible en http://manovich. Net/index. Php/projects/navigable-space (Consultado el día 24-01-2013)

Manovich, L., (2002) "The Poetics of Augmented Space" en http://manovich. Net (On line) Disponible en http://manovich. Net/content/04-projects/034-the-poetics-of-augmented-space/31_article_2002. Pdf (Consultado el día 24-01-2013)

Manovich, L., (2002a) "Generation Flash" en http://manovich. Net (On line) Disponible en http://manovich. Net/index. Php/projects/generation-flash (Consultado el día 24-01-2013)

Manovich, L., (2002b) "Data Visualization as New Abstraction and Anti-Sublime" en *Estudios visuales: Ensayo, teoría y crítica de la cultura visual y el arte contemporáneo* n°. 5, 2008, Disponible en http://manovich. Net/index. Php/projects/data-visualisation-as-new-abstraction-and-anti-sublime (Consultado el día 05-09-2015)

Manovich, L., (2005) "Remixability and Modularity" en http://manovich. Net (On line) Disponible en http://manovich. Net/index. Php/projects/remixability-and-modularity (Cons 26-09-2012)

Massad, F. y Guerrero Yeste, A., (2003) "Arquitectura en la época de la revolución digital" en *Experimenta*, Madrid, Julio Disponible en http://www. Arqa. Com/informacion. Cfm/n.5147. S.10,42. Cfm (Consultado 05-09-2010)

Massad, F. y Guerrero Yeste, A., (2006) "Media y teoría en la arquitectura digital" en http://arqa. Com (On line) Disponible en http://www. Arqa. Com/informacion. Cfm/n.6741. S.10,42. Cfm (Consultado eldía 15-11-2010)

McLuhan,M., (2009) *Comprender los medios de comunicación.* Barcelona, Editorial Paidós.

Mitchell, W., (2001) *e-topía,* Barcelona, Editorial Gustavo Gili, S. A.

Negroponte, N., (1995) *Ser Digital.* Buenos Aires, Editorial Atlántida.

Palacios, T., (2014) Entrevista en *El Mundo digital.* http://www. Elmundo. Es (On line) Disponible en http://www. Elmundo. Es/ciencia/2014/01/02/52a754a861fd3d7f778b4584. Html

Pérez de Lama, J., (2001) "Arquitecturas FLOS (Free, Libre Open Source Architecture), Disponible en http://www. Hackitectura. Net/osfavelados/txts/2009_08_arquitectura_flos/20091230_arquitectura_flos_imgsv2. Pdf (Consultado el día 29-06-2010)

Pérez de Lama, J., (2003) "Geografías de la multitud (conectada)" Publicado online el (27.09-2003) En *centrodearte. Com*, núm. 5: Análisis del espacio / nuevas geografía en proceso, Madrid. Disponible en http://www. Hackitectura. Net/osfavelados/txts/sci_fi_imagenes/ pies_de_fotos. Html (Consultado el día 06-12-2006)

Pérez de Lama, J., (2003a) "Flujos antagonistas. Geografías de la multitud" . En *centrodearte. Com*, núm. 5: Análisis del espacio / nuevas geografía en proceso, Madrid. Disponible en http://www. Hackitectura. Net/osfavelados/txts/geografias. Html (Consulta 26-09-2012)

Pérez de Lama, J., (2009), *Devenires cíborg (II) Arquitectura, urbanismo y redes de comunicación*, Sevilla, Edita Secretariado de Publicaciones de la Universidad de Sevilla. Disponible en http://htca. Us. Es/blogs/ perezdelama (Consultado el día 05-12-2010)

Pérez de Lama, J.; Moreno, J y De Soto, P., (2010) "Wikiplaza/ Plaza de las Libertades Sevilla" en Karin Ohlenschläger, Luis Rico (dirección editorial), 2006 en *Banquete nodos y redes*, Sociedad Estatal para la Acción Exterior, Turner, Madrid, 2009 en AV Proyectos núm. 14.

Piscitelli, A., (2002) *Ciberculturas 2.0 en la era de las máquinas inteligentes*. Barcelona, Ediciones Paidós Ibérica, S. A.

Raymond, E. S, (2001) *The Cathedral and the Bazaar*. O'Reilly Media, 2001 Disponible en http://www. Catb. Org/~esr/writings/cathedral-bazaar/cathedral-bazaar/ (Consulta 18-10-2009)

Stephenson, N., (1995) *The Diamond Age*. New York, Penguin Books.

Weiser, M., (1991) "The computer for the 21st century" en *Scientific American*, september 1991. Disponible en http://www. Ubiq. Com/ hypertext/weiser/SciAmDraft3. Html   (Consultado el día 23-03-2009)

Weiser, M., (1993) "Some computer science issues in Ubiquitous Computing" en *Mobile Computing and Communications Review*, Volume 3, Number 3, 1993. Disponible en http://www. Ubiq. Com/hypertext/ weiser/UbiCACM. Html (Consulta 20-03-2009)

Weiser, M., (1993a) "The world is not a desktop" en *Perspectives article for ACM Interactions*. Disponible en http://www. Ubiq. Com/hypertext/ weiser/ACMInteractions2. Html (Cons 20-03-2009)

Weiser, M., (1993b) "Ubiquitous computing" en *IEEE Computer "Hot Topics"*, October. Disponible http://www. Ubiq. Com/hypertext/weiser/UbiCompHotTopics. Html (Cons 20-03-2009)

Weiser, M.; Gold, R. y J. S. Brown. (1999) "The origins of ubiquitous computing research at PARC in the late 1980s". En *IBM SYSTEMS JOURNAL*, Vol 38, n° 4, 1999.

VV. AA. (2009) *La digitalización toma el mando*. Barcelona, Editorial Gustavo Gili, S. A.

ILUSTRACIONES

Fig 1   © MGM arquitectos   Imagen cedida por José Morales
Fig 2   © MGM arquitectos   Imagen cedida por José Morales
Fig 3   © Manuel Cerdá Pérez
Fig 4   © Manuel Cerdá Pérez
Fig 5   © NOX. Lars Spuybroek   Imagen cedida por el autor
Fig 6   © NOX. Lars Spuybroek   Imagen cedida por el autor
Fig 7   © Greg Lynn. FORM   Imagen cedida por el autor
Fig 8   © Greg Lynn. FORM   Imagen cedida por el autor
Fig 9   © ONL, Kas Oosterhuis   Imagen cedida por el autor
Fig 10   © ONL, Kas Oosterhuis   Imagen cedida por el autor
Fig 11   © Ramak Fazel   Imagen cedida por el autor y Carlo Ratti Associati
Fig 12   © Pietro Leoni   Imagen cedida por el autor y Carlo Ratti Associati
Fig 13   © Manuel Cerdá Pérez
Fig 14   © Manuel Cerdá Pérez
Fig 15   © Laura Cantarella   Imagen cedida por la autora
Fig 16   © Laura Cantarella   Imagen cedida por la autora
Fig 17   © Jumpei Suzuki   Imagen cedida por el autor
Fig 18   © Jumpei Suzuki   Imagen cedida por el autor
Fig 19   © Manuel Cerdá Pérez   Recreación gráfica del SISTEMA ABC (ACTAR)
Fig 20   © Fernando Alda   Imagen cedida por el autor
Fig 21   © José Morraja   Imagen cedida por el autor. (Estilista Leticia Orue)
Fig 22   © José Morraja   Imagen cedida por el autor. (Estilista Leticia Orue)
Fig 23   © Manuel Cerdá Pérez
Fig 24   © Carlo Ratti Associati   Imagen cedida por el autor
Fig 25   © Carlo Ratti Associati   Imagen cedida por el autor
Fig 26   © AMID, Cero9   Imagen cedida por el autor
Fig 27   © AMID, Cero9   Imagen cedida por el autor
Fig 28   © Manuel Cerdá Pérez
Fig 29   © Manuel Cerdá Pérez
Fig 30   © Manuel Cerdá Pérez
Fig 31   © Manuel Cerdá Pérez
Fig 32   © Manuel Cerdá Pérez
Fig 33   © ONL, Kas Oosterhuis   Imagen cedida por el autor
Fig 34   © ONL, Kas Oosterhuis   Imagen cedida por el autor
Fig 35   © ONL, Kas Oosterhuis   Imagen cedida por el autor
Fig 36   © ONL, Kas Oosterhuis   Imagen cedida por el autor

*"Hoy la cantidad de imágenes que nos bombardea es tal que
no sabemos ya distinguir la experiencia directa de lo que
hemos visto unos pocos segundos en la televisión.
La memoria está cubierta por capas de fragmentos de
imágenes, como un depósito de desperdicios donde cada vez es
más difícil que una figura entre tantas logre adquirir relieve"*

I. CALVINO, 1998, p. 98

AGRADECIMIENTOS

A mi madre, que se acaba de ir, y a mi padre, que la esperaba, por todo.

A Ana, por estar a mi lado y conocerme.

A Josep Lluis Ros, Joan Fons y Marilda Azulay, por su afán de conocimiento transversal, entusiasta apoyo y rigor de sus consejos.

A Juan Blat, Luis Arenas y Alberto Rubio, por su inestimable ayuda, y siempre culta y experta mirada sobre la arquitectura y la filosofía.

A Gustavo Rossi, por sus cálidos y certeros comentarios australes, a José Morales, por su cercanía y visión proyectual del trabajo, y también a Kohya Takayama, por ser la chispa de la que partió esta investigación.

A Félix Arranz, Xavier Monteys, Alberto Peñín, Elena Fernández Díaz, Pere Joan Ravetllat, Jorge Torres, Daniel Ventura y Edson Mahfuz, por haber participado alentando esta aventura.

A Ximo Asensi, Sergi Castelló, Paco Aibar, Alfons Martínez, Fulgen Abellaneda, Conxa Tormo y Paco Alcantud, por seguir contando con vuestra amistad desde el primer día de carrera en el que nos conocimos.

A Jose Vidal, Julio Vila, Tito Llopis, Juanjo Hernández, Toni Picazo, Willy Monfort, Josep Martí, Lluis Pastor y Pau Ginés, por ser, antes que compañeros arquitectos, sois amigos de los que cada día aprendo algo.

A Judith Vogel, Tano Martos, Stefania Furlanetto, Pau Batalla, Juanmi Martínez, Jordi Martín, Cristiana Cellucci, Lola Bataller, Jesús Utrillas, Ana Villalba, Amanda Gwen, Rubén Gutiérrez, Alejandro García y Raquel Sola, por haber tenido la suerte de ser parte de vuestros inicios.

A todos los arquitectos y fotógrafos reseñados en estas páginas, que tan amablemente han compartido sus experiencias, memorias e imágenes para que este libro pudiera estar amplia y correctamente documentado.

Y a mis alumnos, por enseñarme tanto día tras día...